经管类专业应用型本科系列教材

# 会计专业综合模拟实验教程

KUAIJI ZHUANYE ZONGHE MONI SHIYAN JIAOCHENG

胡晓　何郑涛　主编

西南财经大学出版社

图书在版编目(CIP)数据

会计专业综合模拟实验教程/胡晓,何郑涛主编.—成都:西南财经大学出版社,2017.4
ISBN 978-7-5504-2891-1

Ⅰ.①会… Ⅱ.①胡…②何… Ⅲ.①会计学—教材 Ⅳ.①F230

中国版本图书馆 CIP 数据核字(2017)第 055928 号

## 会计专业综合模拟实验教程
胡晓　何郑涛　主编

责任编辑:胡莎
装帧设计:穆志坚
责任印制:封俊川

| 出版发行 | 西南财经大学出版社(四川省成都市光华村街55号) |
|---|---|
| 网　　址 | http://www.bookcj.com |
| 电子邮件 | bookcj@foxmail.com |
| 邮政编码 | 610074 |
| 电　　话 | 028-87353785　87352368 |
| 照　　排 | 四川胜翔数码印务设计有限公司 |
| 印　　刷 | 郫县犀浦印刷厂 |
| 成品尺寸 | 185mm×260mm |
| 印　　张 | 7.5 |
| 字　　数 | 115 千字 |
| 版　　次 | 2017 年 4 月第 1 版 |
| 印　　次 | 2017 年 4 月第 1 次印刷 |
| 书　　号 | ISBN 978-7-5504-2891-1 |
| 定　　价 | 24.00 元 |

1. 版权所有,翻印必究。
2. 如有印刷、装订等差错,可向本社营销部调换。
3. 本书封底无本社数码防伪标识,不得销售。

# 前　言

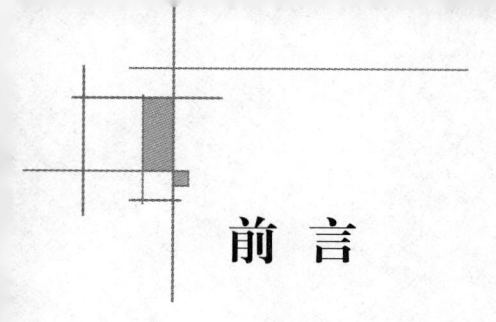

随着社会经济的发展,会计教育的重要性日渐增加。近年来,很多高等学校都以应用型、复合型的会计人才作为培养目标,对会计教育的方向、培养模式进行了思考和探索。作为一门应用型学科,会计专业实验实践类课程在培养学生专业技能、系统思维、创新意识等方面具有不可替代的作用,成为会计专业课程建设的重点内容。经济发展促使会计教育的内容从会计核算延伸到管理决策、风险控制、企业价值等方面,会计实验课程的重心也从事后核算转变为事前进行财务预测、风险管控,事中提供管理决策的财务支持,从培养学生的会计核算能力为主转变为核算与决策能力并重。

本教材将会计职能融入企业的经营管理过程,以基于会计信息的财务决策为主要内容,模拟会计信息的产生过程以及分析如何利用会计信息进行经营和财务决策,涵盖战略管理、财务管理、财务会计、管理会计、市场营销、组织行为等相关领域的基础知识,着重培养学生分析和利用企业财务信息以优化决策的能力。

本教材可以作为会计学专业的综合性实验教材,也可以作为管理类其他专业相关课程的实验教材使用。

本教材由胡晓负责全书各章节框架结构、内容的安排和统稿工作。本书的主要编写人员包括胡晓和何郑涛,其中,第一章、第二章、第三章、第四章、第七章由何郑涛编写,第五章、第六章、实验一至实验五由胡晓编写。本教材在编写过程中得到了厦门网中网软件有限公司的大力支持,实验一至实验五中的软件图片均来自厦门网中网软件有限公司提供的财务决策平台,我们在此表示由衷的感谢!同时,本教材参阅的部分文献资料来自网络,难以找到原始出处,可能在参考文献中有所遗漏,在此向相关的作者表示真诚的歉意和深深的感谢!

受编写人员自身知识能力和经验所限,加之编著时间紧迫,本教材在编写过程中难免存在疏漏和不当之处,我们在此恳请同行和读者朋友批评指正!

# 目 录

第一章　企业与运营环境　／1
　　第一节　企业设立　／1
　　第二节　有限责任公司设立流程　／4
　　第三节　企业外部环境　／8
　　第四节　企业内部组织机构　／9
　　实验一　设立企业　／12

第二章　企业战略制定　／19
　　第一节　企业战略管理体系　／19
　　第二节　战略类型与分析方法　／20
　　实验二　制定企业战略　／32

第三章　全面预算管理　／36
　　第一节　全面预算的含义和内容　／36
　　第二节　全面预算的编制　／37

第四章　企业经营与财务决策　／42
　　第一节　资本结构决策　／42
　　第二节　敏感性与盈亏平衡分析　／48
　　第三节　货币资金管理　／51

第四节　应收账款管理　/ 54
第五节　存货管理　/ 57
实验三　企业经营规划　/ 60

## 第五章　企业运营的主要业务流程　/ 64

第一节　企业与外部机构　/ 64
第二节　企业的主要业务流程　/ 67
实验四　运营过程模拟　/ 70

## 第六章　会计核算　/ 86

第一节　账务处理程序　/ 86
第二节　凭证填制　/ 88
第三节　登记账簿与期末结账　/ 90
第四节　编制报表　/ 93

## 第七章　财务分析　/ 95

第一节　财务分析概述　/ 95
第二节　财务指标分析　/ 96
第三节　杜邦分析法　/ 104
实验五　核算过程模拟　/ 106

## 参考文献　/ 112

# 第一章　企业与运营环境

## 第一节　企业设立

### 一、企业概述

企业是在社会化大生产条件下,根据社会需要来组织和安排某种商品生产、流通或者服务等活动,进行自主经营、自负盈亏、承担风险、实行独立核算、具有法人资格的营利性组织。其本质是以盈利为目标的经济组织。

企业是商品经济发展到一定阶段的产物。企业起源于中世纪欧洲、地中海沿岸国家,海运的发展促成了企业的形成。随着荷兰和英国航海贸易及经济的迅速发展,荷兰和英国等地产生了特许贸易公司,其中荷兰东印度公司是世界上第一个具备近代公司制度的企业。随着企业规模的扩大、所有权与经营权的分离,现代企业逐渐形成。

企业的基本特征:①商品性。企业是国民经济细胞,具有价值并生产具有实用价值的产品,能为社会创造财富。②盈利性。企业主要以盈利为目的,追求利润最大化。③法人性。企业必须依法进行工商管理注册、登记并领取营业执照,取得经济法人的资格。④竞争性。企业处在竞争激烈的市场中,优胜劣汰是其竞争结果。⑤独立性。企业独立核算、自负盈亏、自主经营。

### 二、企业的法律形式

1998年8月30日中华人民共和国第九届全国人民代表大会常务委员会第十一次会议通过了《中华人民共和国个人独资企业法》;2005年10月27日第十届全国人民代表大会第十八次会议通过了《中华人民共和国公司法》;2006年8月

27日第十届全国人民代表大会第二十三次会议通过了《中华人民共和国合伙企业法》。企业法律体系逐渐完善，法律形式逐渐与国际接轨。

### （一）个人独资企业

个人独资企业是指依法设立，由一个自然人投资经营，为个人拥有和控制，由个人承担全部风险和享有全部收益，并承担无限连带责任的企业组织形式。个人独资企业以主要办事机构为住所。其设立条件为：

第一，投资人为自然人；第二，有合法的企业名称；第三，有投资人申报的出资；第四，有固定的生产经营场所和必要的生产经营条件；第五，有必要的从业人员。

法律、行政法规禁止从事营利性活动的人，不得作为投资人申请设立个人独资企业。个人独资企业投资人对本企业的财产依法享有所有权，其有关权利可以依法进行转让或继承。个人独资企业有下列情形之一时，应当解散：第一，投资人决定解散；第二，投资人死亡或者被宣告死亡，无继承人或者继承人决定放弃继承；第三，被依法吊销营业执照；第四，法律、行政法规规定的其他情形。

### （二）合伙企业

根据《中华人民共和国合伙企业法》，合伙企业指在中国境内依法设立的，由两个或者两个以上的自然人订立合伙协议，共同出资、共同经营、共享收益和共担风险，并对合伙企业债务承担无限连带责任的营利性的企业组织形式。合伙人分为普通合伙人和有限合伙人。普通合伙人对企业债务承担无限连带责任，有限合伙人则以其认缴的出资额为限对企业债务承担责任，一般也不享有对组织的控制权。普通合伙企业的合伙人可以货币、实物、知识产权、土地使用权、劳务等出资，而有限合伙企业的合伙人不得以劳务出资。国有独资公司、国有企业、上市公司以及公益性的事业单位、社会团体不得成为普通合伙人。订立合伙协议、设立合伙企业，应当遵循自愿、平等、公平、诚实信用的原则。

普通合伙企业的设立条件：

（1）以两个以上具有完全民事行为能力的自然人为合伙人。

（2）有书面合伙协议。

(3) 合伙人认缴和实际缴纳出资。

(4) 有合伙企业名称和生产经营所在地。

(5) 法律法规规定的其他条件。

合伙人的出资、以合伙企业名义取得的收益和依法取得的其他财产，均为合伙企业的财产。合伙人在合伙企业清算前，不得请求分割合伙企业的财产。

### （三）股份有限公司

公司是以盈利为目的，追求利润最大化，由股东出资形成，依法设立，有独立的法人财产，享有民事权利，承担民事责任，独立从事生产经营活动，以其全部独立财产对公司债务承担责任的企业法人。公司是现代社会中最主要的企业形式。依据《中华人民共和国公司法》（以下简称《公司法》），我国的公司分为股份有限公司和有限责任公司。

股份有限公司将公司资本总额划分为若干金额相等的股份，以公开发行股票的形式向社会筹资，股东以其所认购的股份对公司承担有限责任，而公司以其全部资产对公司债务承担责任。股东以所认购或者持有的股份享有权利和承担义务。

股份有限公司的基本特征为：公司为独立法人；股东人数不得少于法律规定人数；股东对公司债务承担有限责任，金额限度为所认购的股金；公司股份可以自由转让；公司有义务向投资者公开账务信息；属于"资合"公司，一旦投资人认购出资，就可以获得股东资格。股份有限公司的一般特征可被归纳为：股东广泛性、出资股份性、股东责任有限性、股份公开自由性及公司公开性。

股份有限公司设立的条件为：

（1）发起人达到法定人数。发起人可以是法人，也可以是自然人，但其需有过半人数在中国境内居住。设立股份有限公司，发起人的人数应在 2 人以上 200 人以下。

（2）发起人认缴和向社会公开募集的股本需达到法定的最低限额。《公司法》规定最低限额不低于 500 万元人民币。发起人可以货币、实物、工业产权、非专利技术、土地使用权等出资。

（3）股份发行、筹办事项必须符合法律规定。

(4)发起人制定公司章程,并经创立大会通过。

(5)有公司名称,建立符合公司要求的组织机构。

(6)有固定的生产经营场所和必要的生产经营条件。

### (四)有限责任公司

有限责任公司,是指依据《中华人民共和国公司登记管理条例》,由50个以下的股东出资设立,每个股东以其所认缴的出资额对公司承担有限责任,公司法人以其全部资产对其债务承担全部责任的经济组织,具体包括国有独资公司和其他有限责任公司。

有限责任公司设立的条件:

(1)股东人数符合法律规定。我国《公司法》规定有限责任公司由50个以下股东出资设立,一个自然人或一个法人也可以单独设立有限责任公司。

(2)有符合公司章程规定的全体股东认缴的出资额且须达到法定资本最低额3万元。

(3)股东共同制定公司章程。

(4)有公司名称,建立符合有限责任公司要求的组织机构。

(5)有固定生产经营场所和必要的生产经营条件。

## 第二节 有限责任公司设立流程

依照现行法律,新公司的注册需要遵循一定的流程,并到相应的部门进行登记审批。需要审批的项目有公司名称、经营范围、公司章程、验资、相关证照、银行开户及购买发票等。

### 一、设立总体流程

根据《公司法》规定,设立有限责任公司一般应经过如下程序:

(1)发起人发起。由发起人明确设立公司的意向,并做必要准备。如果发起人为多人的,应签订发起人协议,以明确各发起人在公司设立过程中的权利与义务。

（2）公司名称的预先核准。在中国，实行公司名称预先核准制度，在设立有限责任公司时，应向公司登记机关申请拟设立公司的名称预先核准。待名称获得核准后，再开展公司设立的后续工作。

（3）制定公司章程。公司章程由全体发起人共同商议起草，并经全体股东一致同意通过，并在公司章程上签名、盖章。

（4）必要的审批手续。如果设立的有限责任公司是法律、行政法规规定需要报经批准的有限责任公司，那么应当按照法律、行政法规的规定履行必要的批准手续。比如，农业新技术、综合开发、能源、交通等属于鼓励类的投资项目和国内已开发或者已引进的技术、稀有贵重矿产资源的勘探和开采限制类的投资项目。

（5）缴纳出资。股东按照公司章程记载的出资额、出资时间、出资方式及时缴纳出资。若某股东未按照约定交付出资，按时出资的股东和公司可以追究该股东的责任。

（6）申请设立登记。由全体股东指定的代表或者共同委托的代理人向公司登记机关报送公司登记申请书、公司章程等文件，申请设立登记。法律、行政法规规定需要经审批的，还需要提交批准文件。

（7）登记发照。公司登记机关对设立登记申请进行审查，对符合公司法规定条件的，予以登记，发给营业执照。营业执照签发之日为有限责任公司成立之日，公司取得法人资格，开始对外开展生产经营活动。

## 二、设立的具体步骤

1. 公司名称核准

1994年7月1日国务院施行《中华人民共和国登记管理条例》，设立公司应当申请名称预先核准。由全体投资人指定的代表或委托的代理人，向企业名称的登记主管机关提交下列文件、证件：

（1）企业名称预先核准申请书。

（2）指定代表或委托代理机构及受托代理人的身份证明和企业法人资格证明及受托资格证明。

（3）代表或受托代理机构及受托代理人的身份证明和企业法人资格证明及受

托资格证明。

（4）全体投资人的法人资格证明或身份证明。

企业名称的规范要求：不得包含另一个法人名称，企业法人必须使用独立的企业名称；采用符合国家规范的汉字、现行的标准简化字，不使用繁体字；不得含有外国文字、汉语拼音字母、数字（不含汉字数字）；不得含有有损国家利益或社会公共利益、违背社会公共道德、不符合民族和宗教习俗的内容；不得含有法律或行政法规禁止的内容。

2. 开验资户

法定代表人及股东到银行现场，提交《名称核准通知书》、股东证明文件、股东身份证原件。企业法人需提交营业执照正副本复印件，事业法人或者团体法人需提交法人登记复印件。

3. 存资验资

所出资金需从各股东本人银行卡转入验资账户或者按股东名称分别填进账单；验资成功后，验资户的资金需待营业执照获得后转入企业的基本账户。若验资不成功，则按照"同户名出，同户名进"原则退给投资者。我国《公司法》规定，虚假出资和抽逃注册资本将承担民事和行政责任。同时，我国《刑法》也在第158条和第159条分别规定了虚报注册资本罪、虚假出资以及抽逃注册资金罪，违反了刑法相应规定的行为人将承担刑事责任。

公司投资者需要按照各自出资比例进行出资，并提供相关证明，由审计部门进行验资，提出验资报告。2014年3月1日，工商登记制度进行改革，实行注册资本认缴登记制，放宽注册资本登记条件；由公司股东（发起人）自主约定认缴出资额、出资方式、出资期限等，记载于公司章程，并承担缴纳出资不全的法律责任；注册公司不占用资金，不需验资。股东（发起人）须在章程规定的时限（最少为两年）内在企业的基本账户上缴足注册资本金，否则，要承担虚报注册资本骗取营业执照的处罚风险。

4. 经营项目的审批

经营活动所涉及的领域为公司的经营范围，具体表现为生产项目、经营种类、服务事项等。公司经营范围由公司章程规定，并应依法进行登记。经营范围分为许可经营项目和一般经营项目。许可经营项目是指企业在申请登记前依据法律、行政法规、国务院决定应当报经有关部门批准的项目。一般经营项目是指不需批准可由企业自主申请的项目。申请一般经营项目，申请人应当参照《国民经济行业分类》及有关规定自主选择一种或者多种经营的类别，依法直接向企业登记机关申请登记。

若经营范围中有涉及特种行业许可经营的项目，还需要报送相关部门审批。特种许可项目涉及旅馆、印铸刻字、旧货、典当、拍卖、信托寄卖等行业，需要消防、治安、环保和科委等部门的审批。

5. 申领营业执照

申请人需要向工商行政部门提交相关材料，以申领营业执照。具体流程为：书面申请—受理—审查—核准—缴费—公告—发放营业执照。

需要提交的材料包括：企业设立登记申请、企业设立登记委托书、股东法人资格证明和自然人身份证明、验资报告、董事和监事任职文件、公司经理任职文件、董事长或者执行董事的任职证明和身份证明、董事监事和经理身份证复印件、住所使用证明、名称预先核准通知书及申请书、经营范围的审批文件等。

6. 公司印章备案

公司印章包括：公章、财务章、法定代表人章、全体股东章等。我国对企事业单位的印章实行审核批准制度，公司用印章需要到当地公安机关指定的刻章单位刻制。旧的印章也应当按规定送交印章制发机关封存或销毁。

7. 申办组织机构代码证

组织机构代码证书是企业和各类社会组织在中华人民共和国境内唯一不变的代码标识，是企业和各类社会组织在银行开户、车辆登记、税务登记等事务办理过程中的必备资质。申办组织机构代码证需由企业提出申请，通过审定，到当地质量监督检验部门审批。所需材料包括有效的登记证件、法定代表人身份证明、公章等。

8. 办理税务登记证

税务登记证是从事生产、经营的纳税人向生产地、经营地或者纳税义务发生地的主管税务机关申报办理税务登记时，所颁发的登记凭证。办理时所需要的材料包括：工商营业执照等有效证件、组织机构代码证、公司住所或者注册地证明、合同协议和章程、验资报告、法定代表人有效身份证明、总机构税务登记证等。

9. 开立基本账户（纳税户）

企业可以根据自身的情况选择银行开设基本账户。办理时所需材料包括：营业执照副本原件、税务登记证正副本原件、机构代码正副本原件、公章、财务章、住房证明、法定代表人和经办人身份证原件。

2015年8月，工商总局贯彻落实《国务院办公厅关于加快推进"三证合一"登记制度改革的意见》的通知，于同年10月1日起营业执照、组织机构代码证和税务登记证三证合一。"三证合一"登记制度是指企业登记时依次申请，分别由工商行政管理部门核发工商营业执照、组织机构代码管理部门核发组织机构代码证、税务部门核发税务登记证，改为一次申请、合并核发一个营业执照的登记制度。根据登记制度改革意见，第5、7和8条可合为一次申请。

## 第三节 企业外部环境

企业外部环境（Enterprise External Environment）是企业外部的政治环境、社会环境、技术环境、经济环境等的总称。企业外部环境由存在于组织外部、通常短期内不为企业高层管理人员所控制的变量所构成。

### 一、经济环境

经济环境是指影响企业生存和发展的社会经济状况和国家经济政策，是影响终端消费的收入与支出的因素。经济环境包括宏观经济形势、世界经济形势、行业在经济发展中的地位以及企业的直接市场等。其中，企业的直接市场是与企业关系最密切、影响最大的环境因素，具体包括销售市场、供应市场、资金市场、劳务市场等。宏观经济通常是指国家宏观经济发展状况与趋势。企业需要的宏观经济指标有国民生产总值、社会商品零售总值、价格等因素。

### 二、法律环境

法律环境是指法律意识形态及其与之相适应的法律规范、法律制度、法律组织机构、法律设施所形成的有机整体，是影响企业生产经营活动的法律规范的总称，也是企业发生经济关系应遵循的法律、法规和章程。法律法规在一定程度上对企业生产经营起着导向作用。例如，基于环境规制健全的条件下，若环境污染企业排放废弃物的行为会给企业带来高额环境成本时，企业出于利润最大化选择减少污染物的排放。行业法律法规及国家政策的变化对相关企业产生较大影响。

### 三、金融市场

金融市场称为资金市场或资金融通市场，是指资金供需双方通过股票、债券、储蓄存单等金融工具进行交易而融通资金的市场。从广义而言，它是实现货币借贷和资金融通、办理各种票据和有价证券交易的市场，也是交易金融资产并确定金融资产价格的一种机制。金融市场的变动会对企业产生较大影响。企业可以通过发行股票、债券等途径募集资金，企业拥有多余的闲散资金也可以投入金融市场进行流通，可以实现长短期资产的转化。金融市场利率的变动，反映资金的供需状况，金融市场的变化影响企业的筹资、经营及投资活动。金融市场环境是财务信息提供及财务管理的重要环境因素。金融市场可以加强对企业的信用管理，增强投资风险意识。

## 第四节 企业内部组织机构

### 一、企业内部组织机构概念

公司组织机构又可称为公司机关，是代表公司经营活动、行使相应职权的自然人或者自然人的集合体。在组织机构基础上形成现代公司法人治理结构。从事公司经营活动的决策、执行和监督的公司最高领导机构，包括决策机构、执行机构和监督机构。决策机构包括股东大会、董事会。股东大会是由公司全体股东组成的决定公司重大问题的最高权力机构，由全体股东组成，对公司重大事项进行决策，有权选任和解除董事，并对公司的经营管理有广泛的决定权。董事会是由董事组成负责公司经营管理的机构。在股东大会闭幕期间，董事会行使和执行决策权。当有关公司生产经营的重大政策决定后，高级管理人员组成的机构负责执行。监事会、审计委员会或内部审计机构为企业的监督机构。

## 二、企业内部组织结构设置的原则

企业组织机构设置时应遵循以下原则：基于任务与目标设立组织机构原则；强调专业分工和协调；统一领导与分级管理的原则；责权利相结合的原则；稳定性与适应性相结合的原则；决策权、执行权和监督权三权分立的原则；精简机构的原则。

## 三、企业内部组织结构的形式

企业内部组织结构按形式分为直线制组织结构、事业部制组织结构、模拟分散化组织结构和矩阵组织结构。

①直线制组织结构为最简单和最基础的组织形式，表现为企业各级单位从上到下实行垂直领导，呈金字塔结构。如图1-1所示。职权直接从高层开始向下"流动"（传递、分解），经过若干个管理层次达到组织最低层，其优点是：结构比较简单，责任分明，命令统一。

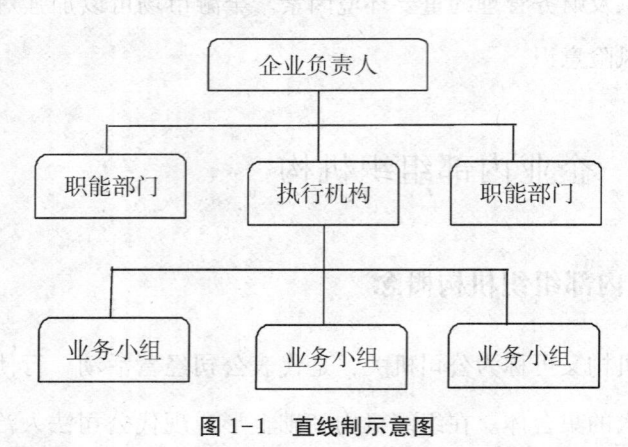

图1-1　直线制示意图

②事业部制组织结构也称为分公司制，根据企业所经营的事业，按产品、地区、顾客（市场）等设立组织机构。如图1-2所示。在企业的宏观领导下，拥有完全的经营自主权（包括产品设计、生产制造及销售活动），实行独立经营和核算的部门，具有利润生产和管理的职能，同时也是产品或市场责任单位。该结构适用于产业多元化、品种多样化、有独立市场，而且市场环境变化较快的大型企业。其特点为分级管理、分级核算和自负盈亏。

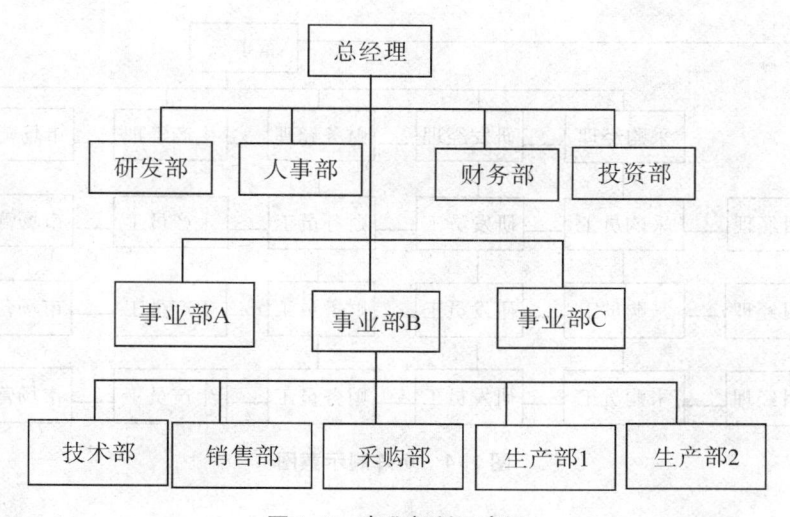

图 1-2 事业部制示意图

③模拟分散化组织结构即网络型组织结构，指利用特定机遇临时把人员召集起来，待目标完成后即行解散的一种临时组织。如图 1-3 所示。该结构具有精干的核心机构，以契约关系的建立和维持为基础，利用其他经济组织的资源进行制造、销售等重要经济经营活动。该组织结构的特征为具有较强的适应性、灵活性、核心能力的共享、基于诚信的业务开展。

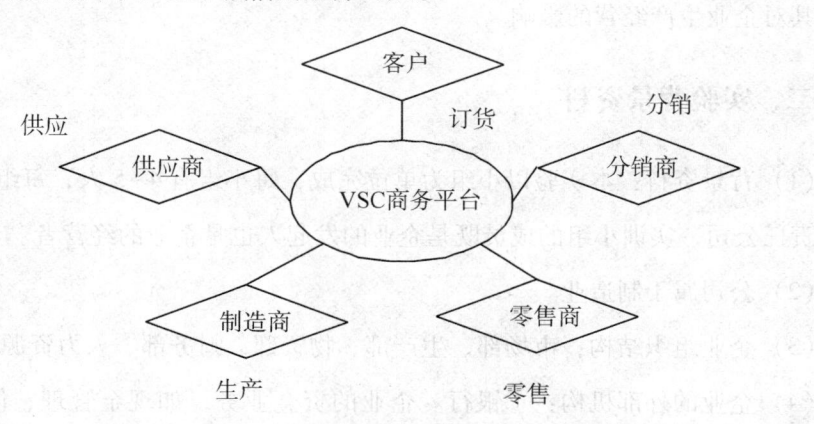

图 1-3 模拟分散制示意图

④矩阵组织结构又称为规划-目标结构，是把按职能或产品等划分的部门结合起来或者为完成某种特别任务，另外成立与原有组织相互配合的专案小组负责，形态上有行列交叉的一个矩阵。如图 1-4 所示。

图 1-4　矩阵制示意图

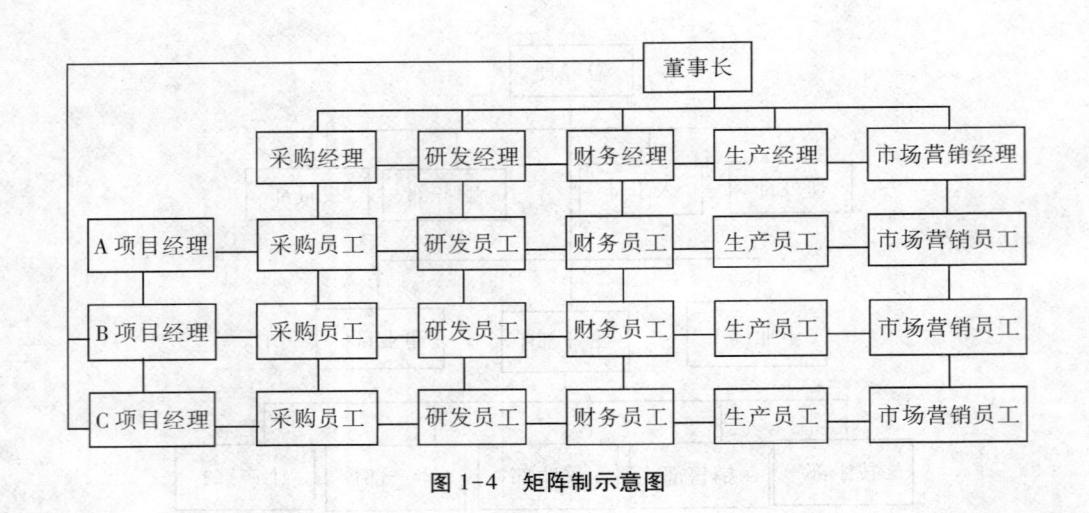

# 实验一　设立企业

## 一、实验目的

通过本实验项目的学习，学生可了解企业的内部组织解构及其职能、外部环境及其对企业生产经营的影响。

## 二、实验背景资料

(1) 背景资料：本实验以小组为单位完成，每小组有 4~5 人，每组开设一家有限责任公司，实训小组的成员既是企业的发起人也是企业的经营者。

(2) 公司属于制造业。

(3) 企业组织结构：市场部、生产部、物资部、财务部、人力资源部。

(4) 企业的外部机构：①银行。企业的资金业务，如现金管理、债券买卖、贷款等，都需要在银行里进行。其中，出纳负责实施现金管理，财务总监负责贷款、债券买卖。②工商管理局。工商管理局负责企业注册登记以及营业执照的经营范围变更等工作。③政府办事大厅。企业进行餐饮、运输等业务的许可经营申请及高新企业认证资格的申办。通过资格认证后的企业需要申请办理工商变更及税务登记变更。④税务局。企业申请办理税收优惠及变更税务登记等业务。⑤法院：企业申请破产。

（5）实验小组成员分别承担运营、会计、出纳、财务经理和财务总监五项职务。其中，财务总监负责企业全面财务管理、运营规划以及经营决策审批等统筹性工作；运营负责企业日常生产经营工作，对财务总监负责，运营活动需要财务总监决策审批；会计负责企业索取发票、开具发票、成本计算报税、会计核算账务处理等财务事项；出纳负责现金和银行存款收付以及其他现金管理业务；财务经理负责付款审批、凭证审核、记账、结转损益、出具财务报表、资金筹集、投资等业务。

### 三、实验内容与要求

（1）成立企业与角色分工，如图1-5所示。

图1-5 角色分工①

每个实验小组利用财务决策平台建立一个虚拟企业，将运营、会计、出纳、财务经理和财务总监五项职务分别分配给小组成员，由财务总监设定企业名称并创建企业。在给企业命名时，必须符合法律法规的规定。

企业名称：

角色分工结果：

（2）查看企业说明和企业基本证件，了解企业的基本资料。

---

① 图1-5来自厦门网中网软件公司财务决策平台，后文中实验部分软件图片均来自厦门网中网软件公司财务决策平台，不再赘述。

(3) 了解采购市场。

采购市场中企业可以实现采购、出售、交换原材料，购买或租赁房产、生产线及其他固定资产业务。每笔业务完成后，请到财务部索取发票。

通过市场部了解原材料价格走势和材料与产品配比，再通过采购市场了解供应商的信息、销售条件、付款方式、运费等相关信息。

①了解原材料市场上材料与产品配比，如图1-6所示。

| 产品编号 | 产品名称 | 原材料配比 | 操作 |
| --- | --- | --- | --- |
| JTYY | 家庭影院 | 1套家庭影院音响,1套家庭影院辅助材料 | 产品价格图 |
| KX | 烤箱 | 1套烤箱箱体,1套烤箱加热装置,1套烤箱辅助材料 | 产品价格图 |
| DNQ | 电暖气 | 1套电暖气辅助材料,1套电暖气加热材料 | 产品价格图 |

图1-6　材料与产品配比

②通过市场部了解原材料价格走势，如图1-7所示。

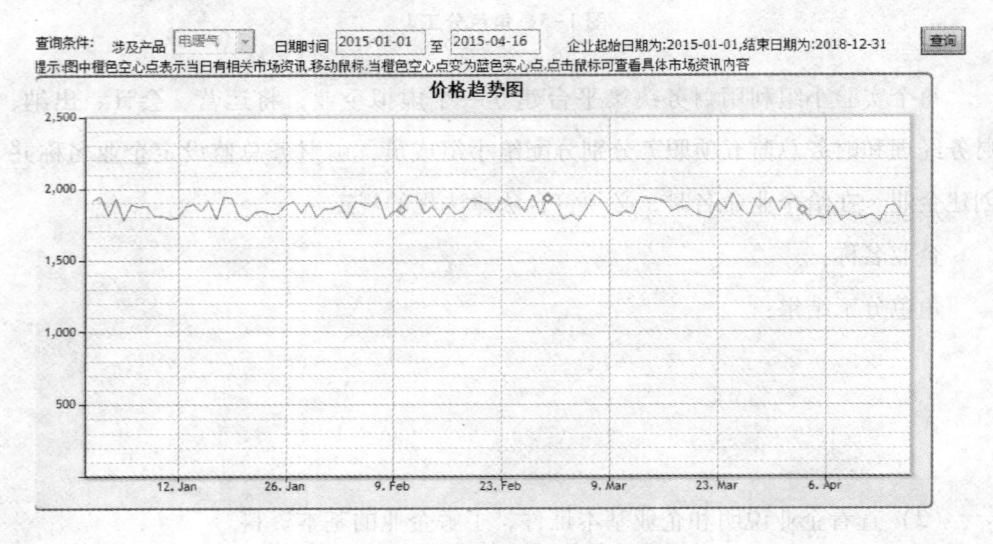

图1-7　原材料价格走势

③通过采购市场了解可供选择的原料供应商,如图1-8所示。

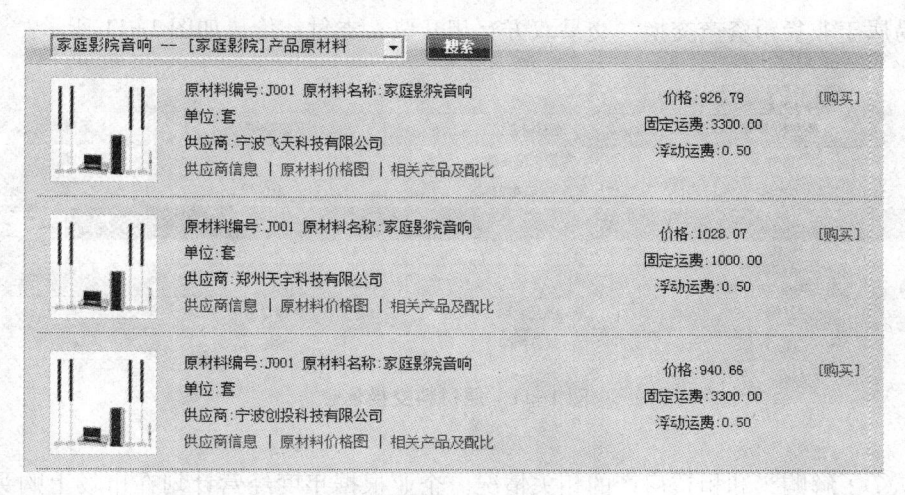

图1-8 选择原材料供应商

④通过采购市场了解原材料供应商的信息、销售条件、付款方式、运费等相关信息,如图1-9所示。

图1-9 查看原材料购买信息

⑤了解材料出售方式及价格,如图1-10所示。

图1-10 了解原材料出售信息

⑥了解原材料交换规则。交换原材料是指用企业生产的产品交换原材料。该交易属于非货币资产交换，交易双方互相开票，支付补价，如图1-11所示。

| 原材料库存 | | | |
|---|---|---|---|
| 原材料编号 | 原材料名称 | 库存数量 | 库存单位 |
| J001 | 家庭影院音响 | 10 | 套 |
| J002 | 家庭影院辅助材料 | 10 | 套 |

第1页/共1页 共2行/每页5行 [首页] [前一页] [后一页] [尾页] 第1页

| 产品交换 | | | |
|---|---|---|---|
| 产品编号 | 产品名称 | 库存数量 | 操作 |
| JTYY | 家庭影院 | 136 | [交换原材料] |

图1-11 原材料交换信息

⑦了解购买和租赁房产的相关情况。企业根据年度经营计划在市场上购买或租赁生产办公用房，房价、租金随市场变化。所购买和租赁的房产需与生产经营所需面积相匹配，如图1-12所示。

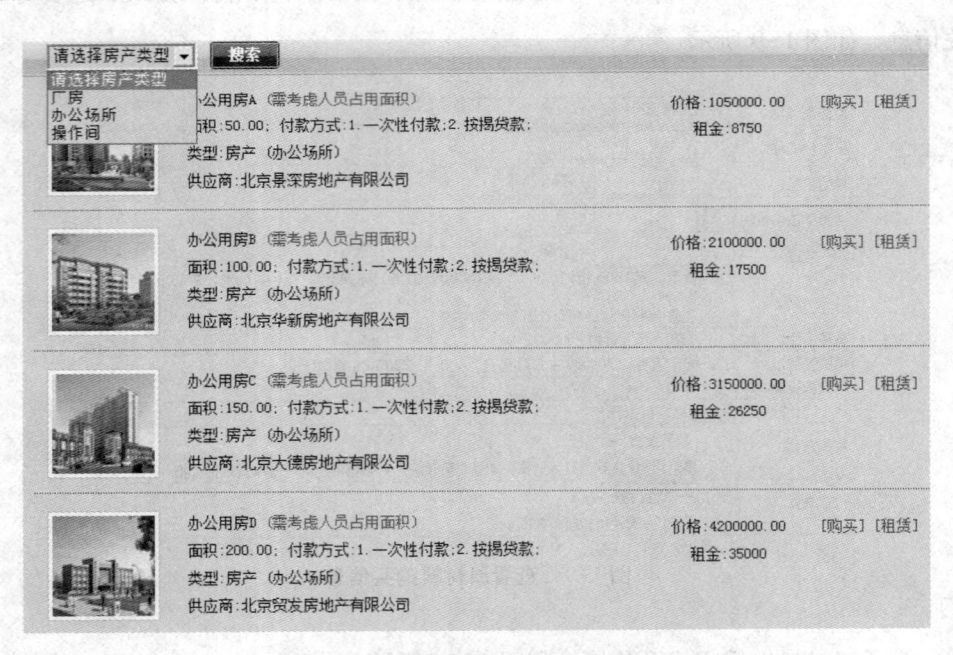

| | | | |
|---|---|---|---|
| | 办公用房A（需考虑人员占用面积）<br>面积:50.00; 付款方式:1.一次性付款;2.按揭贷款;<br>类型:房产（办公场所）<br>供应商:北京景深房地产有限公司 | 价格:1050000.00<br>租金:8750 | [购买] [租赁] |
| | 办公用房B（需考虑人员占用面积）<br>面积:100.00; 付款方式:1.一次性付款;2.按揭贷款;<br>类型:房产（办公场所）<br>供应商:北京华新房地产有限公司 | 价格:2100000.00<br>租金:17500 | [购买] [租赁] |
| | 办公用房C（需考虑人员占用面积）<br>面积:150.00; 付款方式:1.一次性付款;2.按揭贷款;<br>类型:房产（办公场所）<br>供应商:北京大德房地产有限公司 | 价格:3150000.00<br>租金:26250 | [购买] [租赁] |
| | 办公用房D（需考虑人员占用面积）<br>面积:200.00; 付款方式:1.一次性付款;2.按揭贷款;<br>类型:房产（办公场所）<br>供应商:北京贸发房地产有限公司 | 价格:4200000.00<br>租金:35000 | [购买] [租赁] |

图1-12 购买和租赁房产的信息

⑧了解购买租赁生产线的相关情况。企业根据年度经营计划在市场上购买或租赁生产线，买价、租金随市场变化，如图1-13所示。

生产线名称：[　　　　] [请选择生产产品▼] [搜索]

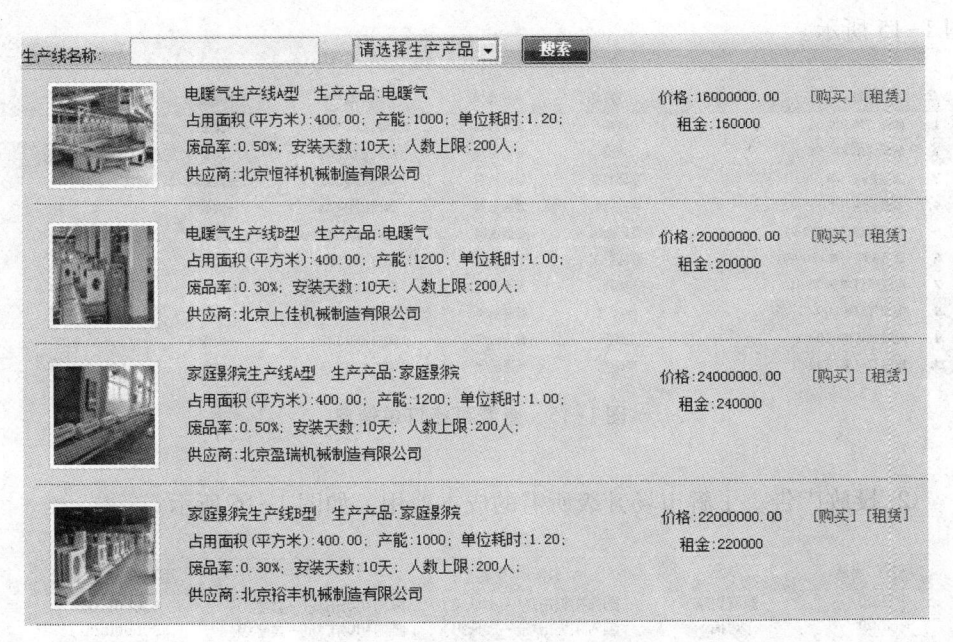

电暖气生产线A型　　生产产品：电暖气　　　　　　　价格：16000000.00　　[购买][租赁]
占用面积(平方米)：400.00；产能：1000；单位耗时：1.20；　　租金：160000
废品率：0.50%；安装天数：10天；人数上限：200人；
供应商：北京恒祥机械制造有限公司

电暖气生产线B型　　生产产品：电暖气　　　　　　　价格：20000000.00　　[购买][租赁]
占用面积(平方米)：400.00；产能：1200；单位耗时：1.00；　　租金：200000
废品率：0.30%；安装天数：10天；人数上限：200人；
供应商：北京上佳机械制造有限公司

家庭影院生产线A型　　生产产品：家庭影院　　　　　价格：24000000.00　　[购买][租赁]
占用面积(平方米)：400.00；产能：1200；单位耗时：1.00；　　租金：240000
废品率：0.50%；安装天数：10天；人数上限：200人；
供应商：北京盈瑞机械制造有限公司

家庭影院生产线B型　　生产产品：家庭影院　　　　　价格：22000000.00　　[购买][租赁]
占用面积(平方米)：400.00；产能：1000；单位耗时：1.20；　　租金：220000
废品率：0.30%；安装天数：10天；人数上限：200人；
供应商：北京裕丰机械制造有限公司

图 1-13　购买和租赁生产线的信息

⑨了解购买其他资产的情况。开业第一个月，企业需要购买办公用品。如经营范围包括餐饮和运输，也在此购买餐饮炊具和货车，如图 1-14 所示。

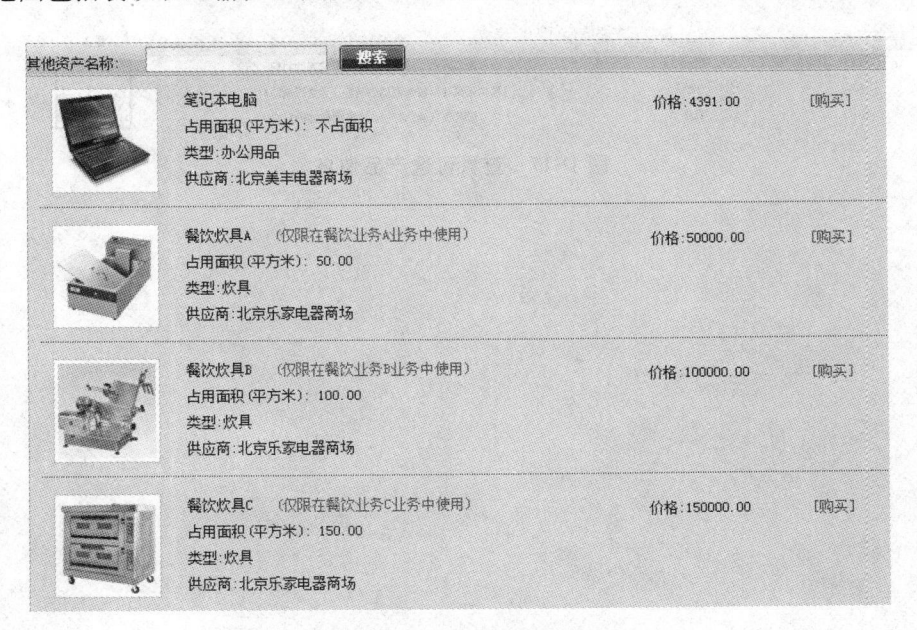

其他资产名称：[　　　　] [搜索]

笔记本电脑　　　　　　　　　　　　　　　　　　　价格：4391.00　　　　[购买]
占用面积(平方米)：不占面积
类型：办公用品
供应商：北京美丰电器商场

餐饮炊具A　(仅限在餐饮业务A业务中使用)　　　　价格：50000.00　　　[购买]
占用面积(平方米)：50.00
类型：炊具
供应商：北京乐家电器商场

餐饮炊具B　(仅限在餐饮业务B业务中使用)　　　　价格：100000.00　　[购买]
占用面积(平方米)：100.00
类型：炊具
供应商：北京乐家电器商场

餐饮炊具C　(仅限在餐饮业务C业务中使用)　　　　价格：150000.00　　[购买]
占用面积(平方米)：150.00
类型：炊具
供应商：北京乐家电器商场

图 1-14　购买其他资产的信息

(4) 了解产品市场。

①承接订单。通过查看市场上各种产品订单，了解市场容量与产品信息，如

图1-15所示。

| 序号 | 合同名称 | 合同产品 | 合同类型 | 合同所属市场 | 市场划分 | 操作 |
|---|---|---|---|---|---|---|
| 1 | 烤箱订单500-01 | 烤箱 | 普通合同 | 国内初级市场 | 一类低级 | [客户信息] |
| 2 | 烤箱订单600-01 | 烤箱 | 普通合同 | 国内初级市场 | 一类高级 | [客户信息] |
| 3 | 家庭影院订单200-01 | 家庭影院 | 普通合同 | 国内初级市场 | 一类低级 | [客户信息] |
| 4 | 家庭影院订单800-01 | 家庭影院 | 普通合同 | 国内初级市场 | 一类低级 | [客户信息] |
| 5 | 家庭影院订单500-01 | 家庭影院 | 普通合同 | 国内初级市场 | 一类低级 | [客户信息] |
| 6 | 家庭影院订单1500-01 | 家庭影院 | 普通合同 | 国内中级市场 | 二类 | [客户信息] |
| 7 | 电暖气订单1000-01 | 电暖气 | 普通合同 | 国内初级市场 | 一类低级 | [客户信息] |
| 8 | 电暖气订单200-01 | 电暖气 | 普通合同 | 国内初级市场 | 一类低级 | [客户信息] |
| 9 | 电暖气订单600-01 | 电暖气 | 普通合同 | 国内初级市场 | 一类高级 | [客户信息] |
| 10 | 电暖气订单1500-01 | 电暖气 | 普通合同 | 国内中级市场 | 二类 | [客户信息] |

图1-15 查看可接订单信息

② 投放广告。了解市场升级所需的成本费用，如图1-16所示。

| 已投广告费 | 产品 | 当前市场 | 下一市场 | 距下一市场差额 |
|---|---|---|---|---|
| 0.00 | 家庭影院 | 国内初级市场(一类低级) | 国内初级市场(一类高级) | 600000.00 |
| 0.00 | 烤箱 | 国内初级市场(一类低级) | 国内初级市场(一类高级) | 350000.00 |
| 0.00 | 电暖气 | 国内初级市场(一类低级) | 国内初级市场(一类高级) | 700000.00 |

图1-16 查看广告与市场信息

③ 查询产品信息。了解各种产品生产的原料配比情况，如图1-17所示。

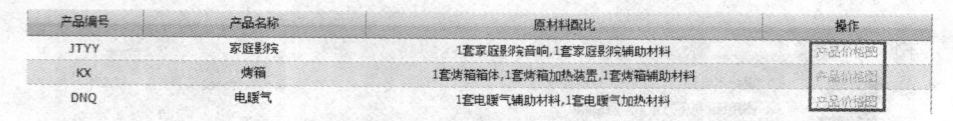

| 产品编号 | 产品名称 | 原材料配比 | 操作 |
|---|---|---|---|
| JTYY | 家庭影院 | 1套家庭影院音响,1套家庭影院辅助材料 | 产品价格图 |
| KX | 烤箱 | 1套烤箱箱体,1套烤箱加热装置,1套烤箱辅助材料 | 产品价格图 |
| DNQ | 电暖气 | 1套电暖气辅助材料,1套电暖气加热材料 | 产品价格图 |

图1-17 查看可选产品信息

# 第二章 企业战略制定

企业的长远发展需要对经营环境进行关注与分析，从宏观上进行规划，评估外部环境的风险与机遇，科学制定企业战略，以谋求企业的健康持续发展。

## 第一节 企业战略管理体系

### 一、战略管理体系的概述

"战略"源于希腊语 strategos，是指将军指挥军队作战的艺术，20世纪60年代运用于商业领域。战略管理是对企业经营活动实行总体性管理，是企业实现目标过程中一系列管理决策与行为，其内容包括企业组织结构、岗位职责、人力资源、管理流程、绩效评价、信息平台等，其目的在于优化企业资源，提升竞争能力以促进企业的可持续发展。

战略管理系统包括战略的制定、实施及评估。三个阶段都处于动态循环中，战略的制定系统在信息更新的情况下会不断修正，企业实施不断修正的战略，并通过战略评估形成反馈信息，以改进和完善战略。战略管理的目的是挖掘和创建新的发展机会，获得持续竞争优势，实现企业长期的发展目标。战略管理以企业适应外部环境为前提，以立足企业内部资源能力为基础，以制定正确发展战略为关键，以企业自身的能力与外部经营环境相适应为核心问题。

### 二、战略管理体系的职能

战略管理体系的职能包括战略研究、战略情报、战略组织、战略控制等。战略研究是根据企业外部环境变化从宏观上研究企业发展的战略目标及规划。战略情报包括调查正在发生的变化，预见可能发生的新变化，收集对企业发展有直接和间接作用的信息。战略组织是通过组织各方面的力量与资源要素进行协调，以创造或取得新的发展机会，特别是在集团并购活动及抢占商机的时候。战略控制主要有规划控制、组织控制、战略成本控制和宣传控制。规划控制由战略部署与规划控制。组织控制是公司治理结构。战略成本控制是基于战略的视角进行成本的控制。宣传控制主要针对企业发展态势和发展主动权。四个主要职能相互影响、相互作用，不能机械分开。

### 三、企业战略的影响因素

①企业愿景规划。根据企业的使命，在汇集企业每个员工的个人心愿的基础上形成全体员工共同心愿的美好远景。企业愿景可以回答企业将成为一个什么类型的企业，要占据什么样的市场地位，具有哪方面的发展能力等问题，界定企业当前任务，确定企业发展方向，界定实现发展规划的具体步骤，确定衡量效益的标准。企业愿景规划包括使命、核心价值观和愿景。使命和愿景始终指引着战略制定的方向，而核心价值观引导着战略的思考方式以及执行策略。

②外部环境。影响企业战略的外部环境包括宏观环境和产业环境。宏观环境主要看区域的经济状况以及每个经济周期的状况。宏观环境的变动会导致企业战略的变动。产业环境则包括供应商、客户、竞争者、替代者以及潜在的竞争者。

③企业文化。企业文化在一定程度上影响公司战略，分别从决策风格、价值观、战略转变的阻止路径、文化冲突等方面影响公司战略的制定、实施及评估。

## 第二节 战略类型与分析方法

### 一、企业战略类型

企业战略类型可分为企业总体战略、企业竞争战略与企业职能战略。总体战略包括稳定型战略、发展型战略、收缩战略、混合型战略。企业根据不同的市场环境制定不同的竞争战略。一般而言，市场存在完全竞争、垄断竞争、寡头和垄断四种情况。企业竞争战略分为市场领先战略、市场挑战战略、市场追随战略和市场补缺战略。企业职能战略，是按照总体战略或业务战略对企业内各方面职能活动进行的谋划。职能战略一般可分为生产运营型、资源保障型和战略支持型职能战略。

### （一）企业总体战略

稳定型战略也称为防御型战略、维持型战略，包括暂停战略、无变化战略、维持利润战略和谨慎前进型战略。保持现有的产销规模和市场占有率，稳定和巩固现有的竞争地位，是偏离战略起点最小的战略态势。企业高层管理人员对过去的经营业绩感到满意，希望在产销规模及市场占有率上保持现有状态。不愿冒险改变现有战略，外部环境比较稳定。该类型的优势是风险较小，缺点为特定市场细分不清。

发展型战略是企业以发展作为核心导向，引导企业不断开发新产品、开拓新市场、采用新的管理方式和生产方式、扩大产销规模及增强竞争力。发展型战略具体分为一体化战略、多元化战略和密集型战略。如表2-1所示。

表2-1　　　　　　　　　　发展型战略

| 密集型战略 | 一体化战略 | 多元化战略 |
| --- | --- | --- |
| 市场渗透 | 后向一体化 | 同心多样化 |
| 产品发展 | 前向一体化 | 水平多样化 |
| 市场发展 | 水平一体化 | 复合多样化 |
| 专业化集中 | | |

收缩型战略称为撤退型战略，包括三种类型：转变战略、放弃战略、清算战略。收缩型战略是企业根据经营领域和基础水平进行收缩或者撤退，并偏离起点战略较远的一种战略。企业选择收缩策略的原因可能有宏观经济衰退、银根收紧、宏观经济存在潜在危机、制造成本上升、通货膨胀、产品处于衰退期、市场竞争过度、产品不盈利、企业没有升级产品、重大投资失败、财务严重困难或者为谋求发展主动调整战略等。

混合型是稳定型、发展型与收缩型的组合。

### （二）企业竞争战略

①市场领先战略。总的指导思想为稳定市场，稳定竞争，采用包围技术及与

第二位保持差距。通过发现新用户，开辟新用途及增加使用量扩大市场需求量。以进攻作为最好的防御，主要包括阵地、侧翼、以攻为守、反击、运动及收缩防御六种。采用多种市场营销组合战略，提高市场占有率。②市场挑战战略。市场挑战战略的制定首先要确定挑战目标与对象，可能挑战市场主导者，可能挑战与自己实力相当的，可能挑战地方性小企业。选择的进攻战略包括正面、侧翼、包围、迂回和游击战略。企业也可能采取与第一位结盟、向第二位进攻、和第五位以下的企业组成集团等方式。其具体战略包括价格折扣战略、廉价品战略、声望商品战略、产品扩散战略和产品创新战略。③市场追随战略。采取市场追随战略的企业通常会抄袭，在广告、包装等方面模仿，占有一定细分市场。④市场补缺战略。市场补缺战略的目标为抓住大公司忽略的小市场，避免与大公司发生竞争，贴近顾客，适路对销。

（三）企业职能战略

在总体战略指导下，企业内部各职能部门分别制定战略，以保证企业总体战略目标的实现。①生产运营型职能战略。该战略从企业或业务运营的基本职能上为总体战略或业务提供支持，包括研发战略、筹供战略、生产战略、质量战略、营销战略、物流战略等。②资源保障型职能战略。该战略为企业提供资源保障和支持，包括财务、人力、信息、知识及技术战略。③战略支持型职能。该战略从全局上为总体战略提供支持，包括组织结构战略、企业文化战略、公共关系战略等。

## 二、战略分析方法

企业的战略分析可以从外部环境和内部环境两个视角进行。对企业外部环境的分析需考虑宏观环境和行业环境。企业内部环境分析包括企业SWOT分析、波士顿矩阵分析、价值链分析和产品生命周期分析。

（一）外部环境分析

1. 宏观环境分析

对于企业宏观环境的分析可以采用PEST分析法，即需要对企业外部的Politics（政治）、Economics（经济）、Society（社会）、Technology（科技）因素进行分析。企业经营区域内政局的稳定性，社会治安状况，有关环境、贸易、劳动及垄断等方面的法律法规的完善性及执行度等对企业发展有较大影响。经济因素的分析着眼于对经济周期的判断，GNP 趋势的评估，利率波动性分析，货币供求状况、通货膨胀率、失业率、可支配收入及能源使用的了解等。社会因素对企业战略的影响体现在人口数量、人口结构、收入分配、消费者生活方式、消费偏好、文化素质等方面。科技方面的影响分析可以包括政府对研究的投入，政府和行业对技术的重视，新技术的发明和进展，技术传播速度，技术产业化的效率、折旧及报废速度。

2. 行业环境分析

采用波特五力模型进行分析。该模型于 20 世纪 80 年代初由迈克尔·波特（Michael Porter）提出，五力分别是：供应商的讨价还价能力、购买者的讨价还价能力、潜在竞争者进入的能力、替代品的替代能力、行业内竞争者现在的竞争能力。企业感受的竞争压力可能来源于供应商、购买方的讨价还价，新进入行业的竞争者对市场的瓜分，其他企业运用手段以获得市场地位的稳固、销售额的增加、市场份额的扩大和竞争优势的突显等。

供应商的威胁手段：提高供应价格、降低服务或产品质量。在下列情况中，供应商有较强的讨价还价能力：供应行业由几家公司控制，集中化程度高于购买商；无需与替代产品进行竞争；产品对于买主是重要的投入要素；供应商产品有差别，转换成本高；存在前向一体化的威胁，供应的行业无关紧要。购买方具有较强讨价还价能力的情况包括：购买商们相对集中并且大量购买；所购买的产品在购买商全部费用或全部购买量中的占比很大，对价格敏感；购买的产品属标准化或无差别的产品，市场竞争较大；行业转换成本低、购买方利润低；具有后向一体化的能力与倾向；掌握充分信息。价格战、广告战、引进产品和改善消费者服务是行业内现有竞争者激烈竞争的体现。

以下因素也会导致现有竞争者竞争程度提高：市场内有众多势均力敌的竞争者；行业增长缓慢，众多商家争夺市场；行业内固定成本或者库存成本高，企业迫于降低库存、达到规模产量的压力进行竞争；行业内产品差异小，转换成本低；行业中总体生产规模扩大和能力大幅度提高；竞争者制定不同的战略、目标及组织形式；对企业自身发展充满信心的企业在行业内的竞争更激烈；退出行业的障碍大。新加入者对企业的威胁状况取决于其进入行业的障碍及原有企业的反击程度。规模经济、产品差异优势、资金需求、转换成本、销售渠道、专利技术、资源禀赋、政府补贴等因素影响新进入者对企业的威胁程度。

## （二）内部环境分析

1. 企业 SWOT 分析

（1）SWOT 分析概述。

SWOT 分析法是系统确认企业面临的优势（Strength）和劣势（Weakness）、机会（Opportunity）和威胁（Threat），并提出企业战略的一种有效方法。SWOT 分析法将公司的战略与公司内外资源进行有效结合。该方法有利于对组织所处情景进行全面、系统和准确的分析，科学制定企业的发展战略，并有效实施。可以细分 SO 战略、WO 战略、ST 战略和 WT 战略。SO 战略利用企业内部优势抓住外部机会。WO 战略利用外部机会及环境变化改进内部的不足；ST 战略充分利用企业内部资源优势，减少外部威胁对企业的影响；WT 战略针对企业内部劣势和外部威胁，调整战略，加强风险管理，减少或者避免企业损失。如表 2-2 所示。

表 2-2　　　　　　　　　　企业 SWOT 分析表

|  | 优势（Strength） | 劣势（Weakness） |
| --- | --- | --- |
| 机会（Opportunity） | SO 战略<br>抓住优势与契合机会 | WO 战略<br>利用机会，克服劣势 |
| 威胁（Threat） | ST 战略<br>发挥优势，减少威胁 | WT 战略<br>将内在劣势与外在威胁最小化 |

（2）SWOT 分析法案例分析。

目标案例：京东商场的 SWOT 分析

案例背景：京东（JD.com）是中国最大的自营式电商企业，发轫于光磁产品代理公司，于 2004 年正式涉足电商领域。京东先后开放产品博客系统，建立京东物流配送体系，启动移动 POS 刷卡服务，完成 3C 产品全线搭建，收购韩国 SK 集团旗下千寻网，启动移动互联网战略等。2015 年京东集团市场交易额达到 4 627 亿元，净收入达到 1 813 亿元，年交易额同比增长 78%，其增速是行业平均增速的 2 倍。2016 年 7 月，京东入榜 2016《财富》全球 500 强，成为中国首家、唯一入选的互联网企业。截至2016年6月30日，京东集团拥有超过11万名正式员工，业务涉及电商、金融和技术三大领域。京东集团旗下设有京东商城、京东金融、拍拍网、京东智能、O2O及海外事业部。京东创始人刘强东担任京东集团CEO。2014年5月，京东集团在美国纳斯达克证券交易所正式挂牌上市，是中国第一个成功赴美上市的大型综合型电商平台，并成功跻身全球十大互联网公司排行榜。2015年7月，京东凭借高成长性入选纳斯达克100指数和纳斯达克100平均加权指数。2017年1月，中国银联同京东金融签署战略合作协议，并宣布后者旗下支付公司正式成为银联收单成员机构。

利用SWOT法分析讨论：

①S（优势）。

(a) 作为自营式电商企业，京东商城的网站访问量、点击率均列电商类前茅，2015年第一季度在中国自营式B2C电商市场的占有率为56.3%。

(b) 通过建设网站，搭建一站式综合购物平台，在线销售计算机、手机及其他数码产品、家电、汽车配件、服装与鞋类、奢侈品、家居与家庭用品、化妆品与其他个人护理用品、食品与营养品、书籍与其他大媒体产品、母婴用品与玩具、体育与健身器材以及虚拟商品等，共13大类3 150万种SKU的商品。商品种类多，涉及众多日常消费品及生活必需品，为消费者搭建服务良好的销售服务平台。

(c) 采用B2C模式，直接面向消费者，省去中间代理商环节，密切生产商与消费者之间的联系，减少中间环节利润，降低消费者购买成本。

(d) 以网站建设为依托打造自营平台，运用互联网信息传递指数增长的特点，搭建区别于高成本的实体店的销售平台，以较低的人工和运营成本进行交易。

(e) 有较为完善的采购体系，批量采购，形成采购规模效应，降低采购成本。

(f) 通过211限时达、次日达、极速达、夜间配、自提柜等多种配送方式，提高配送速度，突显京东服务优势。

(g) 依托自身强大的物流体系、高效率的售后处理及返件，稳固消费市场。

(h) 以"多""快""好""省"的服务原则，赢得良好的市场口碑。京东先后获得"2007网上3C产品零售领先服务商""2008年最具投资潜力的50强企业""中国电子商务成长创新十佳企业""中国最佳B2C网络购物平台""首家荣膺《财富》中国最佳雇主的网络零售企业""入列2015年中国互联网百强榜前十"等荣誉，具有较好的品牌效应。

②W（劣势）。

（a）商品种类不够齐全，无法满足客户丰富的购物需求，进而流失较多潜在客户。

（b）没有实体体验设计，特别是对于单位价值较高等贵重或者大件商品，平台没有良好的体验环境，顾客无法真实了解商品的质量。

（c）客户沟通有待加强。网站没有专门商品销售量及价格排序等功能，顾客无法高效选择心仪产品。没有销售即时聊天工具，往往只有留言及电话，而留言具有时滞性，电话客服接待量有限，客户无法与客服进行及时交流。统一的客服管理，使得内部管理成本较高，且交易信息沟通不畅。

（d）基于整体成本收益等因素，京东自有的物流配送服务无法深入乡镇及以下地区，进而无法抓住这些具有较大购买潜力的市场。

（e）消费者交易款项支付存在缺陷，京东不支持支付宝，采用网上银行或者货到付款，没有支付宝快捷与方便，缺少支付宝第三方担保，不利于消费者购物信心的增强。货到付款一般针对小金额，对于较大金额的商品往往不便。

③O（机会）。

（a）良好的政策环境。国家和政府大力支持电子商务发展。2016年3月，商务部、发展改革委、交通运输部、海关总署、国家邮政局、国家标准委六大部门联合印发《全国电子商务物流发展专项规划（2016—2020年）》，明确了发展电子商务的七大任务和八大工程。

（b）互联网飞速发展，网络购物发展势头良好，用户对网络购物的需求逐渐增大，网络规模逐渐扩大，京东每年销售额不断增长，电商环境日益良好。

（c）物流技术及现代化管理技术的发展，降低了管理成本及提高了工作效率。依托京东商城电商优势开发云平台，2013年京东集团已经形成以"京东宙斯""京东云鼎""京东云擎"和"京东云汇"四大解决方案为核心的技术体系，形成较为完整的电商云服务链条，有利于京东集团调动各类资源培育电商应用生态。技术的发展降低管理成本，挖掘服务潜质，提升增值服务带来的增值利润。

（d）与生产厂商及其他电商类合作共赢，企业战略联盟逐渐形成，有利于企业整合核心资源，提高自身竞争力。2016年4月，在北新云网战略合作签约仪式暨北新网上线启动仪式上，北京发行集团与中国出版集团、中国邮政集团北京市分公司、北京工美集团、北京菜篮子集团、北京京粮集团、京东商城、Noa-T Ltd（以色列）、中文发国际文化投资顾问（北京）有限公司（俄罗斯）合作企业、香港天大集团九家大型国内外集团，就共同发展、合作共赢签订了多项战略发展的深度合作协议。同时北新云网的核心项目"北新网""北新读书"正式上线。2016年6月20日，京东与沃尔玛达成深度战略合作。沃尔玛旗下1号店并入京东。

④T（威胁）。

（a）传统实体企业及生产厂商陆续加入电商行列，其低廉的采购成本、良好的品牌及消费者口碑、真实的产品体验对京东有较大威胁，加快了京东O2O布局。

（b）自2014年以来，先后发生的林志颖肖像权侵犯事件、假机油事件、青浦仓库罢工事件、用户信息泄露事件、电影侵权事件等使得京东企业形象受到影响。可见，品牌建设任务更加艰巨，消费者信心有待提高。

（c）资金链条脆弱，企业造血功能较差，主要依靠多种方式融资，用巨额资金打造物流网络，企业资金链条断裂风险较大。

（d）电子商务的法律法规有待完善，诚信体系尚未完全建立，网上交易环境有待改善，交易双方利益无法得到法律的有效保护。

（e）行业竞争日益激烈。卓越亚马逊、天猫商城、当当网、苏宁易购等强有力的竞争者，以低成本、快配送、畅沟通等优势挑战京东。

讨论：结合企业SWOT分析表，京东可以采用哪些战略？

2. 波士顿矩阵

1970年，美国波士顿咨询集团首创规划产品组合的方法。通过波士顿矩阵分析法，企业可确定业务发展方向，核心在于如何使企业产品品种及结构适合市场需求变化，协助企业现有产品线进行生产资源的有效配置。波士顿矩阵又被称为波士顿咨询集团法、四象限分析法、市场增长率-相对市场份额矩阵等。

波士顿矩阵认为决定产品结构的基本因素有市场引力和企业实力。市场引力主要体现在企业销量增长率、目标市场容量、竞争对手实力和利润。企业实力可以有市场占有率、技术水平、生产设备及资金运用能力。波士顿矩阵对于企业产品所处的四个象限具有不同的定义和相应的战略对策。如图 2-1 所示。

（1）明星业务（Stars）。处于高增长率、高市场占有率象限内的产品群，可能成为企业的明星产品。对此，可采用的发展战略是：积极扩大经济规模和市场机会，以长远利益为目标，提高市场占有率，加强竞争地位。明星产品的管理与组织最好采用事业部形式，由在生产技术和销售两方面都很内行的经营者负责。

（2）现金牛业务（Cash Cow），又称厚利产品。处于低增长率、高市场占有率象限内的产品群，已进入成熟期。这类业务的特点是销售量大、负债率低、产品利润率高，能够为企业提供较丰富的资金。由于增长率低，也无需增大投资，可通过压缩设备投资和其他投资；采用榨油式方法，争取在短时间内获取更多利润，为其他产品提供资金。进一步细分市场，维持现存市场增长率或延缓其下降速度。现金牛业务可以采用事业部制进行管理，其经营者最好是市场营销型人物。

（3）问题型产品（Question Marks）。针对处于高增长率、低市场占有率象限内的产品群，其利润率较低，所需资金不足，负债比率高。针对问题型产品，采取选择性投资战略，重点投资可能成为明星的产品，提高市场占有率，促使其转变成"明星产品"；将对问题产品的改进与扶持方案纳入企业长期计划。

（4）瘦狗产品（Dogs），也称衰退类产品。它是处在低增长率、低市场占有率象限内的产品群，其财务特点是利润率低、处于保本或亏损状态，负债比率高，无法为企业带来收益。对这类产品应采用撤退战略：减少批量，逐渐撤退，淘汰销售增长率和市场占有率极低的产品，向其他产品转移剩余资源。通过将瘦狗产品与事业部产品合并进行整顿，统一管理。

3. 企业价值链分析法

（1）企业价值链分析概述。

企业价值链分析法是美国哈佛大学商学院迈克尔·波特提出的，是指企业的经营活动可以划分为相互独立而又联系的多个价值活动，进而形成价值链。价值链的含义包括，企业各项活动之间有密切联系，每项活动都能给企业带来有形或

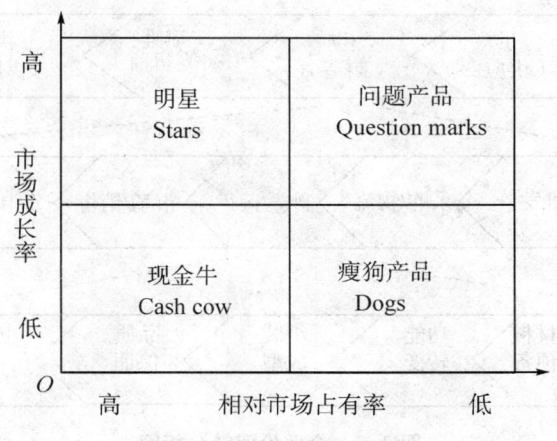

图 2-1 波士顿矩阵图

无形的价值。价值链不但包括内部链活动还包括外部链条活动。以制造业为例，价值链的基本活动可包括材料供应、产品开发、生产经营、成品储运、市场营销、售后服务。辅助活动包括企业基础设施、人力资源管理、技术开发及采购管理。每项活动都直接或间接创造价值。如图 2-2 所示。

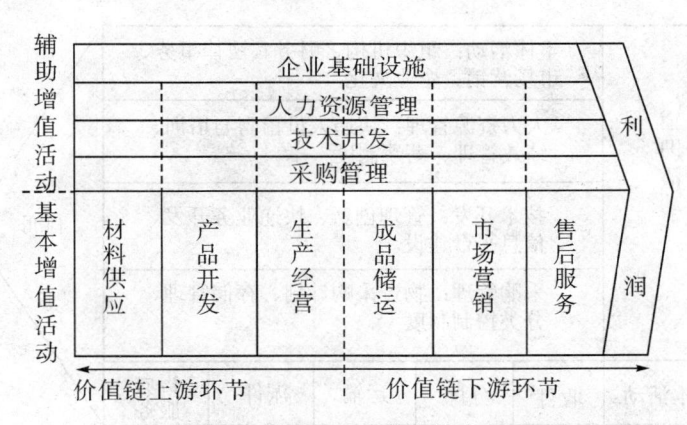

图 2-2 制造业企业价值链分析图

企业价值链包括三个层面，上下游关联企业之间存在的行业价值链、企业内部各业务单元构成的企业价值链和针对具体作业构建的运营作业链。如图 2-3 所示。

| | | | | | | |
|---|---|---|---|---|---|---|
| 行业价值链 | 供应<br>(供应商) | 生产<br>(制造商) | 流通<br>(零售商) | 供应<br>(供应商) | | |
| 企业价值链 | 研发 | 采购/物流 | 制造/运行 | 市场/销售 | 分销/物流 | 售后/服务 |
| 运营作业链 | 材料预备 | 功能转变 | 组装成型 | 品质保证 | 包装 | |

图 2-3　企业价值链分析图

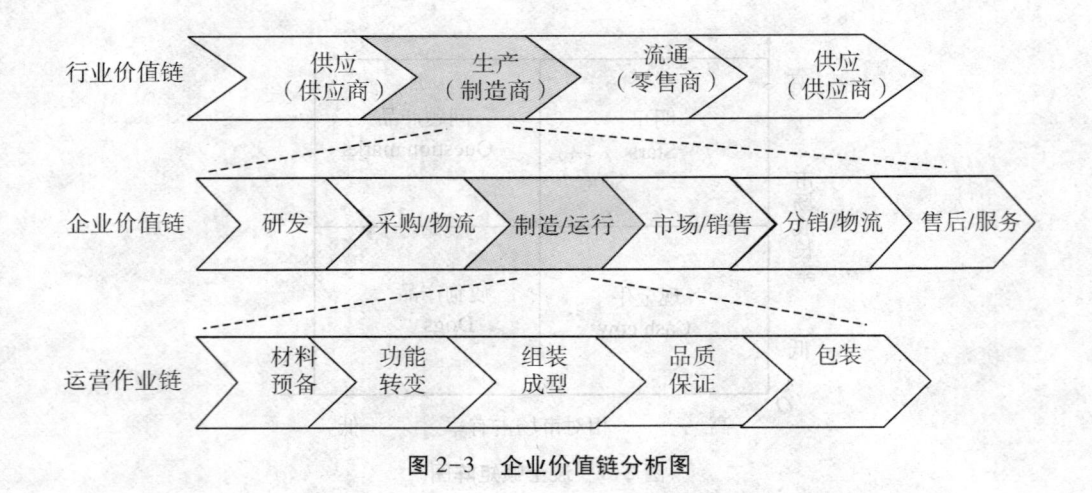

（2）快递业价值链分析。

快递行业的核心业务流程包括收件、分拣（包括封发处理和接收处理）、运输、派件四大环节。它们构成了快递企业价值链中的主要活动，为快递企业创造价值。如图 2-4 所示。

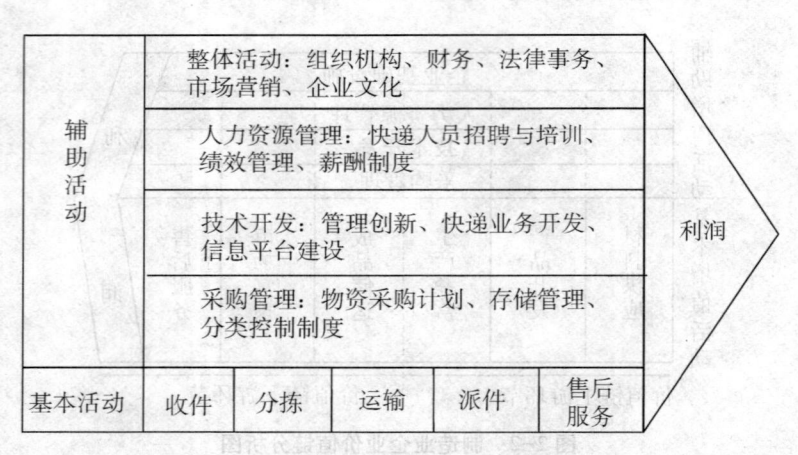

| 辅助活动 | 整体活动：组织机构、财务、法律事务、市场营销、企业文化 | 利润 |
|---|---|---|
| | 人力资源管理：快递人员招聘与培训、绩效管理、薪酬制度 | |
| | 技术开发：管理创新、快递业务开发、信息平台建设 | |
| | 采购管理：物资采购计划、存储管理、分类控制制度 | |
| 基本活动 | 收件　分拣　运输　派件　售后服务 | |

图 2-4　快递行业价值链分析图

4. PLC 产品生命周期

PLC 产品生命周期（Product Life Cycle），简称 PLC，是指产品的市场寿命。产品生命周期分为介绍期（Introduction）、成长期（Growth）、成熟期（Mature）、衰退期（Decline）四个阶段。如图 2-5 所示。

（1）介绍期内，新产品刚投入市场，顾客对产品不了解，销量较低。这一阶段需扩大销路，增加促销费用，对产品进行宣传。出于技术的瓶颈，这类产品无法做到大批量生产，单位单品成本较高，销售额增长缓慢，产品有待进一步完善。

（2）处于成长期的产品，已经被顾客熟悉。新客户增多，市场占有率提高，产品增加，企业能进行批量生产，单位成本较低，企业可获得规模效益，利润增长。该阶段容易引起竞争者的注意，抢占市场。

（3）进入成熟期后，产品销量增长缓慢，市场需求趋于饱和，市场竞争加剧，销售推广费用逐渐增加，企业利润降低。

（4）衰退期的产品将进入淘汰阶段。随着科技水平的提高，具有新增功能的替代品出现，消费偏好改变，转向其他产品的消费者增多，销售额和利润额迅速下降。

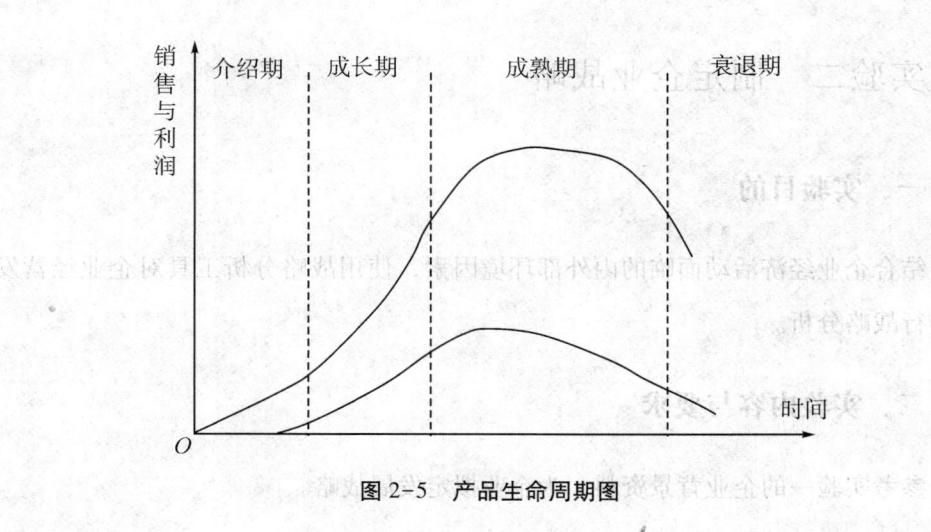

图 2-5 产品生命周期图

企业在进行战略制定、执行及评估的时候，除了对以上方面进行分析，还需要考虑企业自身的资源及核心竞争力。企业内部资源分为财务、实物、组织、人力等有形资源，技术、创新、商誉及社会资本等无形资源。

核心能力又称核心竞争力，是指能使企业长期或持续拥有某种竞争优势的能力，通常表现为累积企业经营中的学识，协调不同生产技能和有机结合多种技术流的学识。企业核心竞争力的内容如图 2-6 所示。

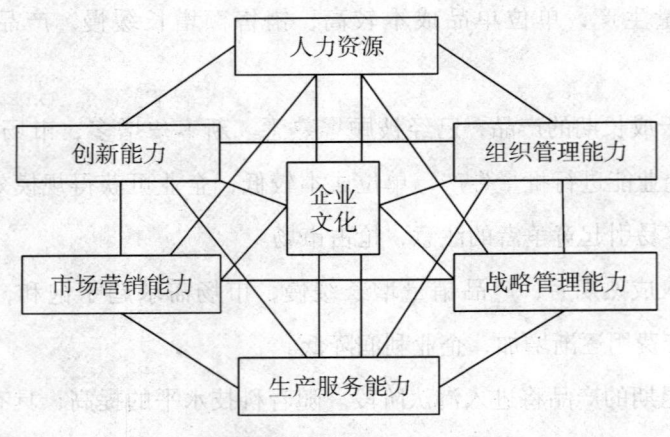

图 2-6　企业核心竞争力

# 实验二　制定企业战略

## 一、实验目的

结合企业经济活动面临的内外部环境因素，使用战略分析工具对企业经营发展进行战略分析。

## 二、实验内容与要求

参考实验一的企业背景资料，为企业拟定发展战略。

### （一）公司基本情况

1. 企业名称

企业名称

2. 企业经营范围

（填写内容：经营范围是否跨行业，单一产业还是多种经营，具体提供的产品和服务有哪些）

本企业的经营范围：

3. 公司规模

（填写内容：资产总额及构成、员工人数及构成、销售额等）

本企业规模介绍：

### （二）企业战略分析

1. 企业总体战略

（1）战略分析过程。

（填写内容：阐述企业当前的内部情况和外部环境，分析这些因素给企业生产经营带来的影响）

（2）战略分析结果。

①企业的愿景：

②企业的目标：

③企业的总体战略：

2. 业务单元战略

要求针对每一项产品或服务使用战略分析工具，如 SWOT 等，进行战略分析，说明分析过程和最终选择的战略。

（1）公司_____业务的战略分析

(2) 公司_____业务的战略分析

(3) 公司_____业务的战略分析

(4) 公司_____业务的战略分析

# 第三章 全面预算管理

全面预算管理是企业现代管理中的重要组成部分，在全面降低成本、优化企业管理、完善生产流程等方面有重大影响。

## 第一节 全面预算的含义和内容

### 一、全面预算的含义

全面预算管理，以销售预测为起点，对企业生产、成本及现金收支等进行预测，并编制预计利润表、资产负债表和现金流量表，反映未来期间的财务状况和经济成果，以此对企业内部各部门、各单位的各种财务及非财务资源进行分配、考核、控制，以便有效地组织和协调企业的生产经营活动，完成既定的经营目标。全面预算管理对企业的发展起着重要的促进作用，在企业内部控制中逐渐发挥核心作用。

### 二、全面预算的内容

全面预算管理由三大部分组成，即经营预算、资本预算、财务预算。如图3-1所示。

①经营预算，又称营业预算或业务预算，反映基本业务的预算，指为了规划和控制未来生产销售等经常性业务及收入与成本而编制的预算。不同的业务有不同的预算，如制造业的基本业务预算包括销售预算、生产预算、直接材料采购预算、直接人工预算、制造费用预算、期末产成品存货预算、产品销售成本预算、管理费用预算等；流通业的基本业务预算则包括销售预算、采购预算、经营费用预算、管理费用预算等。

②资本预算又称建设性预算或者投资预算，反映企业长期筹资和投资业务，反映资金的来龙去脉，包括调整型项目、研发型项目和扩充性项目。资本预算根据特定的投资与筹资项目编制。

③财务预算，综合反映各项业务对企业现金流量和经营成果的影响，规划企业的现金流量和经营成果，是业务预算和资本预算的综合体现，主要包括现金预算、利润表预算、资产负债表预算。

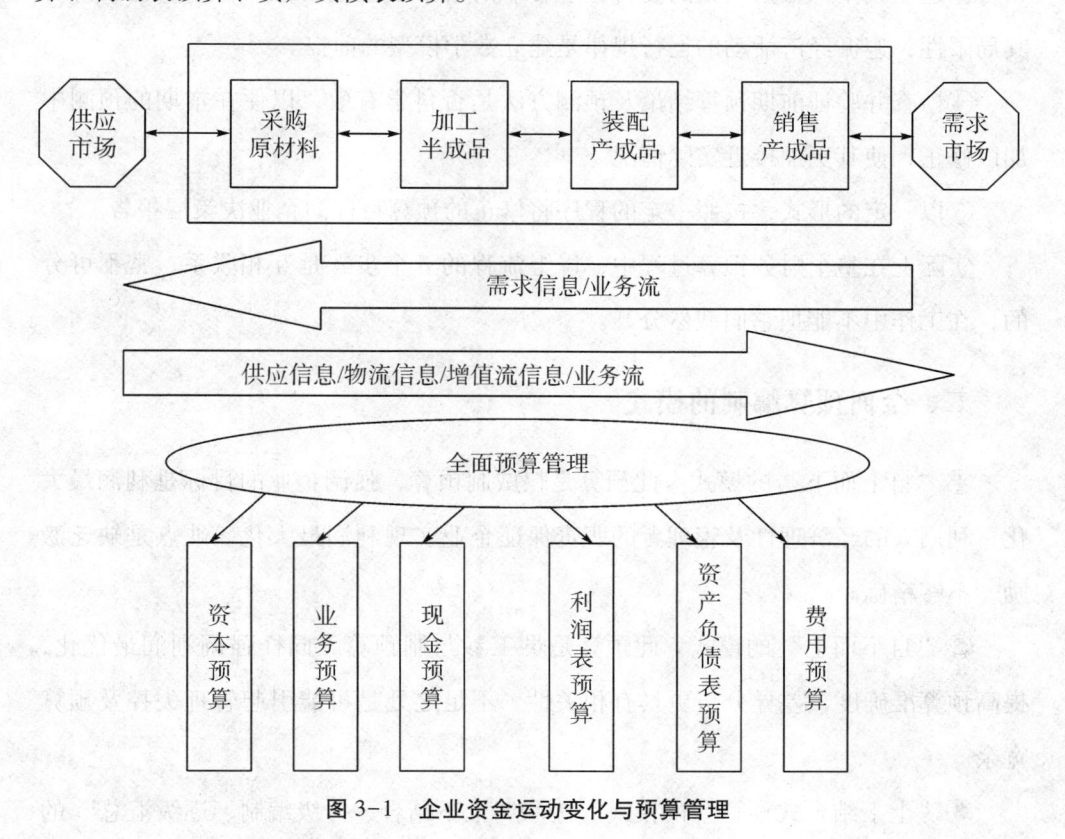

图 3-1　企业资金运动变化与预算管理

## 第二节　全面预算的编制

### 一、全面预算编制的流程

全面预算编制的流程一般表现为：

确定目标—收集资料—建立模型—分析结果—报告结论

①确定目标，选定目标，如目标利润、目标销售等。

②收集资料：着手收集会计的、统计的、技术的、市场的、经济的、历史的、现实的凡是与财务预算有关的资料并尽量充分占有，进行分析整理；企业应在1~3年的时间内完善企业预算所需的各项相关标准，在基础管理上下功夫，如产品的材料消耗定额、工时定额、能耗定额、变动成本、固定成本总额，及保本点等。

③建立模型：根据收集的资料建立可靠的数学模型进行预测。数学模型都有其局限性，遵循经济活动的运行规律是建立数学模型的前提。

④检查并验证前期预算结论及预测方法是否科学有效，以便在本期的预测中加以修正，使其更加接近实际情况。

⑤以一定的形式，按照一定的程序将修正的预算目标向企业决策层报告。

实际上在整个财务预算过程中，以上流程的五个步骤是互相联系、密不可分的，在工作中不能把它们截然分开。

## 二、全面预算编制的模式

①"自上而下"的模式。此预算是权威制预算，强调企业的目标是利润最大化，利用人的经济理性及管理者的职责保证企业实现利润最大化。缺点是缺乏激励，不够精确。

②"自下而上"的模式。此预算是员工参与制预算，同样强调利润最优化，提高预算准确度，差异分析更具有相关性。不足之处是可能引起管理失控及预算宽余。

③"上下结合式预算"的模式。按照"上下结合、分级编制、逐级汇总"的程序进行。下达目标，编制上报，审查平衡，审议批准，下达执行。

## 三、全面预算编制方法

全面预算根据不同的角度，可以分为固定预算、弹性预算、滚动预算、增量预算、零基预算、概率预算。

1. 固定预算

固定预算也被称为静态预算，是根据预算期内正常的、可实现的某一确定的业务量水平而编制的预算。不考虑可能发生的变动因素而编制预算的方法，是最传统、最基本的预算编制方法,适用于业务量水平较为稳定的企业或非营利组织编制预算,其缺点是比较机械、呆板,可比性差。

2. 弹性预算

弹性预算又称变动预算或滑动预算,是指为克服固定预算方法的缺点而设计的,在成本习性分析的基础上,以业务量、成本和利润之间的依存关系为依据,以预算期可预见的各种业务量水平为基础,编制能够适应多种业务量预算的方法。

编制弹性预算所依据的业务量可以是产量、销售量、直接人工工时、机器工时、材料消耗量或直接人工工资等。业务量范围是指弹性预算所适用的业务量区间。业务量范围的选择应根据企业的具体情况而定。一般来说,可定在正常生产能力的70%~110%之间,或以历史上最高业务量和最低业务量为其上、下限。其特点是预算范围宽,可比性较强。它适用于编制全面预算中所有与业务量有关的各种预算。但从实用角度看,主要用于编制弹性成本费用预算和弹性利润预算等。

以弹性成本预算的编制为例,首先必须将全部费用按成本性态划分为变动成本和固定成本。在编制预算时,固定成本则按总额控制,只要将变动成本按不同的业务量水平做相应的调整,其计算公式如下:

弹性成本预算=固定成本预算+$\sum$(单位变动成本预算×预计业务量)

在此基础上,根据业务量计量单位和确定的有效变动范围,根据该业务量与有关成本费用项目之间的关系即可编制弹性成本预算。弹性成本预算的具体编制方法包括公式法和列表法两种。

通过确定 $y = c + dx$ 中的 $c$ 和 $d$ ,来编制弹性成本预算的方法。其中,$c$ 为固定成本,$d$ 为单位变动成本,$x$ 表示业务量,$y$ 为总成本。在进行成本习性分析的基础上,可以将任何成本近似地表示为 $y = c + dx$ 。在这种建立公式的方法下,如果事先确定了有关业务量 $x$ 的变动范围,根据有关成本项目的参数 $c$ 和 $d$ ,那么可推算出业务量在允许范围内任何水平上的各项预算成本。

列表法是在确定的业务量范围内,划分出若干个不同水平,然后分别计算各项预算值,汇总列入一个预算表格。其优点是:不管实际业务量多少,不必经过计算即可找到与业务量相近的预算成本;混合成本中的阶梯成本和曲线成本,可按总成本性态模型计算，不必用数学方法修正为近似的直线成本。但这种方法往往需要使用插补法来计算"实际业务量的预算成本"，计算比较繁琐。

3. 滚动预算

滚动预算是指预算随着时间的推移而自动延伸，并始终保持在某一特定的期限（通常为一年）之内的一种连续性的预算。凡预算执行过 1 个月后，即根据前一月的经营成果结合执行中发生的变化等新信息，对剩余 11 个月加以修订，并自动后续一个月，重新编制新一年的预算。随着预算的不断执行，不断补充新预算，逐期向后滚动，从而使总预算经常保持 12 个月的预算期。缺点主要表现为灵活性和前瞻性差。优点是能保持预算的连续性，能将长期和短期预算进行结合。如图 3-2 所示。

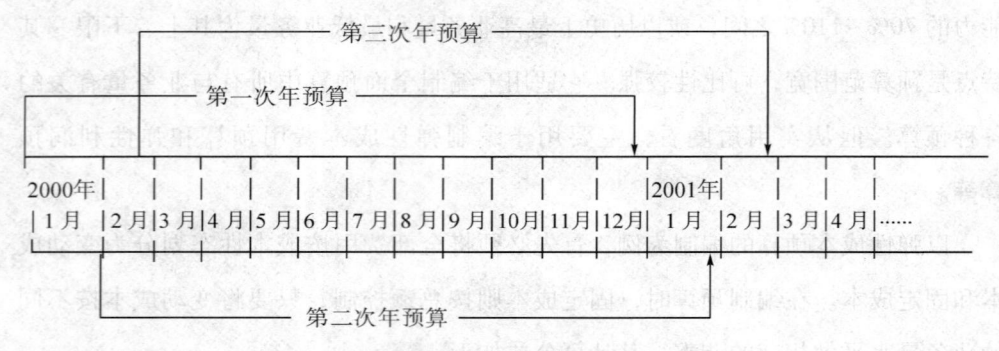

**图 3-2　滚动预算图例**

4. 增量预算

增量预算是基于以前年度的预算数，考虑预算期可能的一些内外部因素变动来编制预算的一种方法。该方法简便易行，但是容易受到原有费用项目与预算内容的限制，也易导致平均主义，不利于未来企业发展。

5. 零基预算

在编制成本费用预算时，以零为基础编制计划和预算的方法，简称零基预算，又称零底预算，主要用于各项费用的预算。它是指不考虑以往会计期间所发生的费用项目或费用数额，所有的预算支出均以"零"为起点，对每项费用开支的大小及必要性进行认真反复分析、权衡，并进行评定分级，据以判定其开支的合理性和优先顺序，进而规划预算期内各项费用的内容及开支标准的一种方法。

零基预算的优点是不受原有费用项目和费用额的限制，有效地降低费用，改善资金的使用效果并保证其合理性，有利于企业未来发展。缺点是工作量大。

零基预算编制的流程：第一，确定任务。高层管理人员必须首先确定预算期内各部门需要完成的任务和工作，详细分析采用哪些方式完成这些任务，并从中选择成本最低方案。部门经理则需要考虑本部门应完成的业务量及相应成本支出，提出降低成本的对策和措施，以便整个企业的获利水平最大化。第二，方案排序并评价。对每一项需完成的任务进行成本收益分析，进行费用与收益的对比，以评价各个费用开支方案。评价时舍去成本超过收益的方案，保留收益超过成本的方案并按照收益率高低进行排序，从中选择可行的费用开支方案。第三，择优分配。将企业经济资源按照选出的方案在各部门之间进行分配。分配时，考虑不同业务量的成本收益计算结果，尽可能减少完成每项任务的预算支出，以使企业的效益最大化。

6. 概率预算

概率预算是应对经营环境及经营过程中普遍存在的不确定性而发展的一种预算方法。它是针对具有不确定性的预算项目，估计其发生各种变化的概率，根据可能出现的最大值和最小值计算其期望值，从而编制的预算。它一般适用于难以预测变动趋势的预算项目，如销售新产品、开拓新业务等。

编制概率预算的具体方法是，首先根据有关预算项目的预计值及其变动的可能性（即概率），来计算并确定该预算项目在不同状态下的期望值，然后根据期望值确定预算项目的概率预算数。这个预算数值，应当是比较接近实际的、最有可能达到的预期结果。

# 第四章 企业经营与财务决策

## 第一节 资本结构决策

### 一、资本结构决策的概述

资本结构是指企业各种资本的构成及其比例关系。资本结构决策在财务决策中具有极其重要的地位，资本结构决策是在若干可行的资本结构方案中选取最佳资本结构。企业进行资本结构决策的意义在于合理安排资本结构可以降低企业的综合资本成本，获得财务杠杆利益，增加公司的价值。

资本结构决策的标准通常被认为：（1）有利于最大限度地增加所有者的财富，能使企业价值最大化。（2）企业的加权平均资金成本最低。调整负债与所有者权益之间的比例时，可采用三种方法：①企业价值最大判断法；②加权平均资金成本最低判断法；③无差异点分析法。前两种又可合并成一种，因为当资金成本最低时往往企业价值会最大。

### 二、资本结构决策的方法

1. 资本成本比较法

资本成本比较法是指在不考虑各种融资方式在数量与比例上的约束以及财务风险差异时，计算各种基于市场价值的长期融资组合方案的加权平均资本成本，并根据计算结果选择加权平均资本成本最小的方案，确定为相对最优的资本结构。

资本成本比较法仅以资本成本最低为选择标准，是一种比较便捷的方法。但这种方法只是比较了各种融资组合方案的资本成本，难以区别不同的融资方案之间的财务风险因素差异，在实际计算中有时也难以确定各种融资方式的资本成本。

2. 每股收益无差别点法

资本结构是否合理，可以通过分析每股收益的变化来衡量。能提高每股收益的资本结构是合理的，反之则不够合理。但每股收益的高低不仅受资本结构的影响，还受到销售水平的影响。运用筹资的每股收益分析法可以有效处理以上三者的关系，即利用每股收益无差异点来进行分析。所谓每股收益无差别点，是指每股收益不受筹资方式影响的销售水平。根据每股收益无差别点，可以分析判断在什么样的销售水平下适合采用何种资本结构。在筹资分析时，当息税前利润（或销售收入）大于每股收益无差别点的息税前利润（或销售收入）时，运用负债筹资可获得较高的每股收益；反之，当息税前利润（或销售收入）低于每股收益无差别点的息税前利润（或销售收入）时，运用权益筹资可获得较高的每股收益。每股收益无差别点法为企业管理层解决在某一特定预期盈利水平下应选择什么融资方式提供了一个简单的分析方法。

3. 企业价值比较法

企业价值比较法，是通过计算和比较各种资本结构下公司的市场总价值来确定最优资本结构，充分考虑公司财务风险和资本成本等因素的影响，以公司价值最大为标准进行决策的方法。最优资本结构亦即公司市场总价值最大的资本结构。

企业的市场总价值=股票的市场价值S+包括优先股在内的长期债务的市场价值B

$$V = S + B$$

$$S = \frac{(EBIT - I)(1 - T) - d}{KS} \tag{4-1}$$

$$K = Rf + \beta \times (Rm - Rf) \tag{4-2}$$

$V$ 为企业的市场总价值，$S$ 为股票市场价值，$B$ 为包括优先股在内的长期债务的市场价值，$EBIT$ 为息税前利润，$T$ 为企业所得税税率，$I$ 为债务利息，$d$ 为优先股年股利，$KS$ 为股权资本成本，$Rf$ 为无风险报酬率，$\beta$ 为上市公司股票市场风险系数，Rm 为上市公司股票加权平均收益率。

根据市场价值权数可计算加权平均资本成本。

$$KW = KD \times (1-T) \times (B/V) + KS \times (S/V) \qquad (4-3)$$

其中，KD 为税前债务资本成本，KW 为加权平均资本成本。可从多种方案中选择最小平均资本成本和公司价值最大的资本结构。

## 三、资本结构决策

1. 资本成本率测算

资本成本率包括个别资本成本率、综合资本成本率、边际资本成本率。个别资本成本率，主要用于考核个别资金来源的筹资效益。综合资本成本率，反映整个企业各种资金组合的一般成本水平，可以综合评价企业筹资的总效益，侧重于资金结构决策。边际资本成本率，主要用于选择不同的追加筹资方案。

资本成本是比较筹资方式，作为追加筹资方案的依据；是评价投资项目、比较投资方案和进行投资决策的经济标准；是衡量企业整个经营业绩的基准。

（1）个别资本率的测算。

$$K = \frac{D}{P-f} \qquad (4-4)$$

$$K = \frac{D}{P(1-F)} \qquad (4-5)$$

K 表示资本成本率，以百分率表示；D 表示用资费用额；P 表示筹资额；f 表示筹资费用额；F 表示筹资费用率，即筹资费用额与筹资额的比率。

$$资本成本率 = \frac{用资费用}{筹资总额 \times (1-筹资费用率)}$$

（2）长期借款资本成本率的测算。

$$K_l = \frac{I(1-t)}{B(1-F)} \qquad (4-6)$$

$$K_l = R_l \times (1-t) \qquad (4-7)$$

$K_l$ 表示长期借款资本成本率；I 表示长期借款年利息额；B 表示长期借款筹资额，即借款本金；F 表示长期借款筹资费用融资率，即借款手续费率；t 表示所得税税率。$R_l$ 表示借款利息率。

$$\text{长期借款的资本成本率} = \frac{\text{借款利息} \times (1 - \text{所得税率})}{\text{借款本金} \times (1 - \text{筹资费用率})}$$

由于利息费用能抵扣应税收入，因此企业实际负担的成本，即税后负债成本小于税前负债成本。

（3）长期债券资本成本率的测算。

在不考虑货币时间价值时，债券资本成本率可按下列公式测算：

$$K_b = \frac{I_b(1-t)}{M(1-F_b)} \tag{4-8}$$

式中，$K_b$ 表示债券资本成本率；$M$ 表示债券筹资额，按发行价格确定；$F_b$ 表示债券筹资费用率。

$$\text{长期债券的资本成本率} = \frac{\text{债券利息} \times (1 - \text{所得税率})}{\text{债券筹资额} \times (1 - \text{筹资费用率})}$$

当债券溢价或折价发行时，债券资本成本率公式分母中的筹资额按发行价格确定。

（4）股权资本成本率。

通常，股权资本成本率可以采用股利折现模型来计算。

$$P_c = \sum_{t=1}^{\infty} \frac{D_t}{(1+K_c)^t} \tag{4-9}$$

式中，$P_c$ 表示普通股筹资净额，即发行价格扣除发行费用；$D_t$ 表示普通股第 $t$ 年的股利；$K_c$ 表示普通股投资必要报酬率，即普通股资本成本率。

固定股利政策下，即每年分派现金股利 $D$ 元。资本成本率表达如下：

$$K_c = \frac{D}{P_c} \tag{4-10}$$

$$\text{普通股资本成本率} = \frac{\text{现金股利}}{\text{普通股筹资额} \times (1 - \text{筹资费用率})}$$

（5）综合资本成本率。

公司全部长期资本的成本率，通常是以各种长期资本的比例为权重，对个别资本成本率进行加权平均测算的。它是由个别资本成本率和各种长期资本比例这两个因素所决定的。

$$K_w = \sum_{j=1}^{n} K_j W_j, \text{ 其中, } \sum_{j=1}^{n} W_j = 1_\circ$$

2. 资本结构决策分析

（1）资本成本比较法。

①初始筹资的资本结构。筹资活动对企业发展举足轻重，本章节以初始筹资活动为例进行决策分析。

例 4-1 昌荣公司在初创时需要的资本总额为 6 000 万元，有如下三个筹资组合方案可供选择，有关资料经测算列入下表中，单位为万元。假定 M 公司的第 Ⅰ，Ⅱ，Ⅲ三个筹资组合方案的财务风险相当，都是可以承受的。如表 4-1 所示。

表 4-1　　　　　　　　　昌荣公司的筹资组合方案

| 筹资方式 | 初始筹资额 | 筹资方案Ⅰ资本成本率（%） | 初始筹资额 | 筹资方案Ⅱ资本成本率（%） | 初始筹资额 | 筹资方案Ⅲ资本成本率（%） |
|---|---|---|---|---|---|---|
| 长期借款 | 700 | 8 | 800 | 7.3 | 1 000 | 7 |
| 长期债券 | 1 500 | 8 | 1 300 | 9.2 | 1 200 | 7.8 |
| 优先股 | 900 | 13 | 600 | 13 | 800 | 13 |
| 普通股 | 2 900 | 14 | 3 300 | 14 | 3 000 | 14 |
| 合计 | 6 000 | — | 6 000 | — | 6 000 | — |

下面分两步分别测算这三个筹资组合方案的综合资本成本率并比较其高低，以确定最佳筹资组合方案即最佳资本结构。

第一步，测算各方案各种筹资方式的筹资额占筹资总额的比例及综合资本成本率。

（a）方案Ⅰ　各种筹资方式的筹资额比例

长期借款：700÷6 000 = 0.12

长期债券：1 500÷6 000 = 0.25

优先股：900÷6 000 = 0.15

普通股：2 900÷6 000 = 0.48

综合资本成本率为：

8%×0.12 + 8%×0.25 + 13%×0.15 + 14%×0.48 = 11.63%

（b）方案Ⅱ　各种筹资方式的筹资额比例

长期借款：800÷6 000 = 0.13

长期债券：1 300÷6 000=0.22

优先股：600÷6 000=0.10

普通股：3 300÷6 000=0.55

综合资本成本率为：

7.3%×0.13+9.2%×0.22+13%×0.10+14%×0.55=11.97%

（c）方案Ⅲ　各种筹资方式的筹资额比例

长期借款：1 000÷6 000=0.17

长期债券：1 200÷6 000=0.2

优先股：800÷6 000=0.13

普通股：3 000÷6 000=0.5

综合资本成本率为：7%×0.17+7.8%×0.2+13%×0.2+14%×0.5=12.35%

第二步，比较各个筹资组合方案的综合资本成本率并做出选择。筹资组合方案Ⅰ，Ⅱ，Ⅲ的综合资本成本率分别为11.63%，11.97%和12.35%。经比较，方案Ⅰ的综合资本成本率最低，故在适度财务风险的条件下，应选择筹资组合方案Ⅰ作为最佳筹资组合方案，由此形成的资本结构可确定为最佳资本结构。

（2）每股收益分析法。

每股收益分析法是利用每股收益无差别点来进行资本结构决策的方法。

所谓每股收益无差别点是指两种或两种以上筹资方案下普通股每股收益相等时的息税前利润点，亦称息税前利润平衡点或者筹资无差别点。

$$\frac{(\overline{EBIT}-I1)(1-T)-Dp1}{N1}=\frac{(\overline{EBIT}-I2)(1-T)-Dp2}{N2} \quad (4-11)$$

当公司实际息税前利润大于每股收益无差别点的息税前利润时，运用负债筹资可获得较高的每股收益；反之，当公司实际息税前利润低于每股收益无差别点的息税前利润时，运用权益筹资可获得较高的每股收益。

**例4-2**　某公司目前发行在外普通股100万股（每股1元），已发行10%利率的债券400万元。该公司打算为一个新投资项目融资500万元，新项目投产后公司每年息税前盈余增加到200万元。现有两个方案可供选择：按12%的利率发行债券（方案1），按每股20元发行新股（方案2）。公司适用所得税率为40%。

要求：①计算两个方案的每股利润无差别点。

② 计算两个方案的每股净利润、财务杠杆系数，并判断哪个方案更好。

计算两个方案的每股利润无差别点：

$$\frac{(EBIT - 40 - 60) \times (1 - 40\%)}{100} = \frac{(EBIT - 40) \times (1 - 40\%)}{100 + 25}$$

$EBIT = 340(万元)$

即息税前利润为 340 万元时，无论发行债券筹资，还是发行股票筹资，筹资后的每股利润相等。

计算两个方案的每股利润、财务杠杆系数：

$$每股净利润 = \frac{(200 - 40 - 60) \times (1 - 40\%)}{100} = 0.6(元)$$

（a）方案1：

$$DFL = \frac{200}{200 - 40 - 60} = 2$$

$$每股净利润 = \frac{(200 - 40) \times (1 - 40\%)}{125} = 0.768(元)$$

（b）方案2：

$$DFL = \frac{200}{200 - 40} = 1.25$$

由此判断方案 2 的每股净利润大于方案 1，方案 2 的财务杠杆系数小于方案 1。这说明方案 2 收益性高且风险低，所以方案 2 优于方案 1。

## 第二节 敏感性与盈亏平衡分析

### 一、敏感性分析

敏感性分析法是指从众多不确定性因素中找出对投资项目经济效益指标有重要影响的敏感性因素，并分析、测算其对项目经济效益指标的影响程度和敏感程度，进而判断项目承受风险能力的一种不确定性分析方法。根据不确定性因素每次变动数目的多少，敏感性分析法可以分为单因素敏感性分析法和多因素敏感性分析法。

敏感性分析的目的：找出影响项目经济效益变动的敏感性因素，分析敏感性因素变动的原因，并为进一步进行不确定性分析提供依据；研究不确定性因素变动如引起项目经济效益值变动的范围或极限值，分析判断项目承担风险的能力；

比较多方案的敏感性高低，以便在经济效益值相似的情况下，从中选出不敏感的投资方案。

1. 单因素敏感性分析

每次只变动一个因素而其他因素保持不变时所做的敏感性分析，称为单因素敏感性分析。单因素敏感性分析在计算某个特定的不确定因素对项目经济效益的影响时，须假定其他因素不变，实际上这种假定很难成立。但是，项目决策过程中，可能存在两个或两个以上的不确定因素在同时变动，此时单因素敏感性分析就很难准确反映项目承担风险的状况，因此尚必须进行多因素敏感性分析。

2. 多因素敏感性分析

多因素敏感性分析是指在假定其他不确定性因素不变的条件下，计算分析两种或两种以上不确定性因素同时发生变动，对项目经济效益值的影响程度，确定敏感性因素及其极限值。多因素敏感性分析一般是在单因素敏感性分析的基础上进行的，且分析的基本原理与单因素敏感性分析大体相同，但多因素敏感性分析须进一步假定同时变动的几个因素都是相互独立的，且各因素发生变化的概率相同。

敏感性分析法是一种动态的不确定性分析，是项目评估中不可或缺的组成部分。它用以分析项目经济效益指标对各不确定性因素的敏感程度，找出敏感性因素及其最大变动幅度，据此判断项目承担风险的能力。但是，这种分析尚不能确定各种不确定性因素发生一定幅度的概率，因而其分析结论的准确性就会受到一定的影响。实际决策中，可能会出现这样的情形：敏感性分析找出的某个敏感性因素在未来发生不利变动的可能性很小，引起的项目风险不大；而另一因素在敏感性分析时表现出不太敏感，但其在未来发生不利变动的可能性很大，进而会引起较大的项目风险。为了弥补敏感性分析的不足，在进行项目评估和决策时，尚须进一步做概率分析。

## 二、盈亏平衡分析

1. 盈亏平衡法概述

盈亏平衡分析的全称为产量成本利润分析，也为量本利分析。它是通过盈亏平衡点（BEP）分析项目成本与收益的平衡关系，研究企业在经营中一定时期的成本、业务量（生产量或销售量）和利润之间的变化规律，从而对企业利润进行规划的一种技术方法。投资、成本、销售量、产品价格、项目寿命期等不确定因素的变化会影响投资方案的经济效果。当影响因素的变化达到某一临界值时，方案的选择就会改变。盈亏平衡分析的目的就是找出临界值、盈亏平衡点，判断投资方案对不确定因素变化的承受能力，为决策提供依据。

盈亏平衡点越低，说明项目盈利的可能性越大，亏损的可能性越小，因而项目有较大的抗经营风险能力。盈亏平衡点的表达形式有多种。它可以用实物产量、单位产品售价、单位产品可变成本以及年固定成本总量表示，也可以用生产能力利用率（盈亏平衡点）等相对量表示。其中，产量与生产能力利用率，是项目不确定性分析中应用较广的。根据生产成本、销售收入与产量（销售量）之间是否呈线性关系，盈亏平衡分析可分为线性盈亏平衡分析和非线性盈亏平衡分析。

2. 盈亏平衡分析的基本数学模型

假定企业的固定总成本为 $c$，单位变动成本为 $v$，销售量（工程量）为 $Q$，销售收入为 $Y$，总成本为 $C$，单位价格为 $P$，利润为 $TP$，则成本、收入的计算模式为

$$C = c + v * Q \tag{4-12}$$

$$Y = P \times Q \tag{4-13}$$

$$TP = Y - C = P \times Q - c + v \times Q$$
$$= (P - v) \times Q - c \tag{4-14}$$

盈亏平衡分析图如图 4-1 所示：

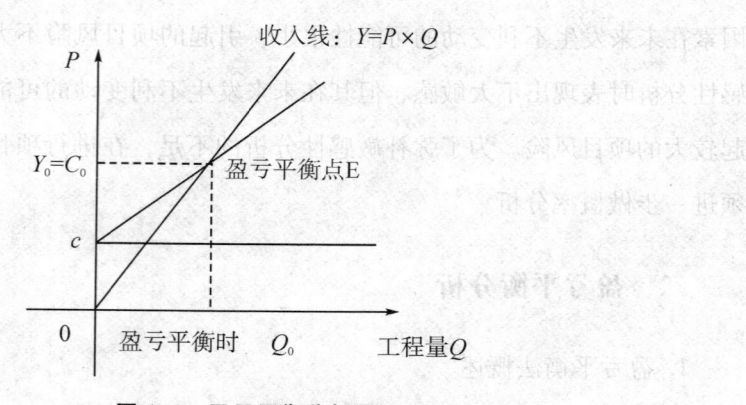

图 4-1 盈亏平衡分析图

由收入等于成本 $C=Y$ 即 $c+v\times Q=P\times Q$，得：

$Q_0=c/(P-v)$，则 $Y_0=Q_0\times P$

还可分析出，当 $Q<Q_0$ 时企业处在亏损状态；当 $Q>Q_0$ 时企业处在盈利状态。

由 $TP=(P-c)\times Q-c$ 得：$Q=(TP+c)/(P-v)$

当 $TP<0$ 时，$Q<Q_0$；

当 $TP=0$ 时，$Q=Q_0$；

当 $TP>0$ 时，$Q>Q_0$。

有目标利润下建筑面积的计算：由 $TP=(P-c)\times Q-c$ 得，$Q=(TP_{目标}+c)/(P-v)$

## 第三节 货币资金管理

流动资金是指企业生产经营活动中占用在流动资产上的资金，是指可以在一年内或超过一年的一个营业周期内变现或者运用的资产，是垫支在劳动对象、工资和其他货币支出等要素方面的资金。其主要内容涉及现金管理、应收账款管理和存货管理。

### 一、现金管理的目标

#### （一）企业持有现金的动机

1. **交易性需要**：满足正常生产经营的需要，是企业持有现金的主要动机。
2. **预防性需要**：应付紧急、意外情况的现金需要。
3. **投机性需要**：为抓住各种转瞬即逝的有利的市场机会，获取较大利益而准备的现金需要。其持有量大小往往与企业在金融市场的投资机会及企业对待风险的态度有关。

#### （二）现金管理的目标

现金是一种流动性强、盈利性差的资产。企业现金管理的目标，就是要在资产的流动性和盈利能力之间做出抉择，以获取最大的长期利润。

## 二、现金管理的要求

（1）钱账分管，会计、出纳分开。要实行管钱的不管账，管账的不管钱。出纳员和会计员互相牵制，互相配合，互相监督，这样可以保证少出差错，堵塞漏洞。

（2）建立现金交接手续，坚持查库制度。资金支付坚持复核；款项转移或出纳人员调换时，必须办理交接手续，做到责任清楚；要经常检查库存资金与账面记录是否一致，以保证钱款安全。

（3）遵循规定的现金使用范围。

①支付给职工的工资、津贴；

②支付给个人的劳务报酬；

③根据规定发给个人的科学技术、文化艺术、体育等各种奖金；

④支付各种劳保福利费用以及国家规定的关于个人的其他支出；

⑤向个人收购农副产品和其他物资的价款；

⑥出差人员必须随身携带的差旅费；

⑦结算起点以下的小额收支；

⑧银行确定需要支付现金的其他支出。

（4）遵循库存现金限制。

企业库存现金数额，由开户银行同各企业协商确定，一般以不超过三至五天零星开支的正常需要为限额。距离银行较远或交通不便的可以多于五天，但一般不得超过十五天零星开支的正常需要。超过库存限额的现金，出纳员应及时送存银行。

（5）严格现金存取手续，不得坐支现金。

开户单位收入的现金，应于当日送存开户银行。除了限额内的零星开支可以从库存现金支付外，其余的开支必须从银行提取，不得坐支现金。

## 三、资金的控制

货币资金收支计划的主要项目：货币资金收入和货币资金支出。货币资金收入包括营业收入和其他收入两部分。营业收入主要指产品销售收入，数额可以从产品销售计划中取得。其他收入通常有固定资产变价收入、设备租赁收入、证券投资的利息收入、股利收入等。

货币资金支出包括营业支出和其他支出两部分。营业支出主要有原材料采购支出、工资支出和期间费用支出。其他支出主要包括固定资产投资支出、偿还债务支出、所得税支出、股利支出和上缴利润等。

净货币资金流量是货币资金收入与货币资金支出的差额。

净货币资金流量=货币资金总收入-货币资金总支出

货币资金余缺=期末货币资金余额-理想货币资金余额

=（期初货币资金余额+货币资金收入总计-货币资金支出总计）-理想货币资金余额

=期初货币资金余额±净货币资金流量-理想货币资金余额

## 四、货币资金最佳持有量的确定方法

企业确定货币资金最佳持有量时，可采用存货经济批量模型。

采用存货模型的几个假设：①企业的货币资金收支均衡和稳定；②企业的有价证券为企业现金的代用品；③现金与有价证券之间的转换费用是固定的。在该前提下，现金最佳持有量是指使持有现金的相关成本达到最低时的现金余额，叫现金最佳持有量。企业现金的流入量和流出量都是稳定并可预测的。在一定时期内现金需求总量一定，耗用均匀发生，呈直线变化。假设企业的最佳现金持有量（货币资金持有量最大值）为 $Q_M$，使用一段时间 $t$ 后现金为 0，企业就出售数量为 $Q_M$ 的有价证券来补充，以后各个周期不断重复。因此，其货币资金平均持有量为 $Q_M/2$。如图 4-2 所示。

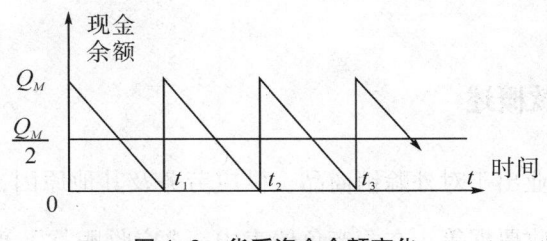

图 4-2 货币资金余额变化

货币资金持有量总成本的内容主要包括两个方面：①持有成本，指持有货币资金而发生的机会成本,包括损失的利息收入或因借款而支付的利息等,与持有的货币资金数量成正比。②转换成本,指用有价证券等资产转换成货币资金而发生的固定成本,一般它与转换的次数成正比。当货币资金持有量总成本最低时,此时的货币资金持有量为最佳货币资金持有量。如图 4-3 所示。

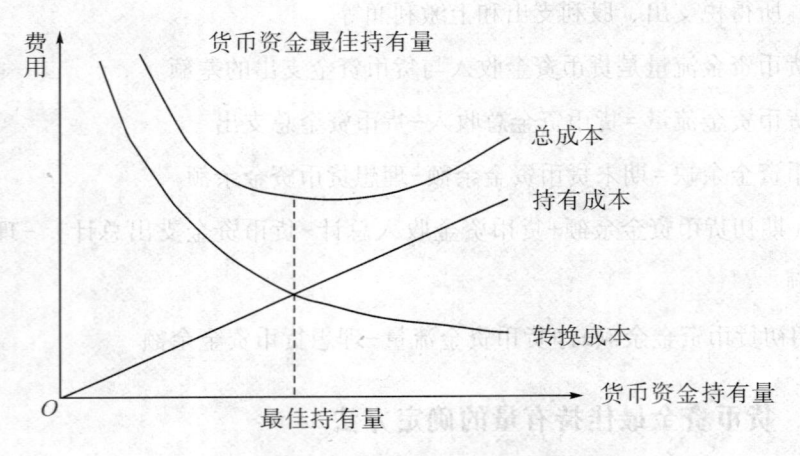

图 4-3 存货经济批量模式下货币资金最佳持有量

货币资金持有总成本等于持有成本与转换成本之和。

$$TC_M = \frac{N_M}{2} \cdot i + \frac{T}{N_M} \cdot b \qquad (4-15)$$

公式 4-15 中 $TC$ 为总成本,$b$ 为现金与有价证券的转换成本,$T$ 为特定时间内的现金需求总额,$N_M$ 为理想的现金转换量(最佳现金余额),$i$ 为短期有价证券利息率。

## 第四节 应收账款管理

### 一、应收账款概述

应收账款是企业出于对外赊销商品、供应劳务及其他原因,应向购货单位收取的款项,包括应收票据等。在资产负债表中,"应收账款"项目反映企业因销售商品和提供劳务等应向购买单位收取的各种款项,减去已计提的坏账准备后的净额。该项目应根据"应收账款"科目所属各明细科目的期末借方余额合计,减去"坏账准备"科目中有关应收账款计提的坏账准备期末余额后的金额填列。如"应收账款"科目所属明细科目期末有贷方余额，应在资产负债表"预收款项"项目内填列。在会计报表附注中，要求：①说明应收账款坏账的确认标准，以及坏账准备的计提方法和计提比例。②详细披露应收账款的账龄结构。③详细披露企业对每一关联方的应收账款。④详细披露应收账款期末余额中欠款金额前五名的债务人的情况，以及期末余额中欠款金额前五名的欠款金额合计数占应收账款总额的比例。

## 二、应收账款成本

由商业竞争、商业信用、销售和收款时间差距造成的应收账款具有增加销售量和减少库存的作用。要持有应收账款也会有相应的成本，包括机会成本、管理成本和坏账成本。

（1）机会成本。机会成本是指企业由于将资金投放于应收账款，而放弃投资于其他方面应获得的收益。

应收账款的机会成本＝应收账款的平均余额×有价证券利息率

应收账款的余额＝每日信用销售数额×收款平均间隔时间

应收账款的平均余额＝平均每日赊销额×应收账款周转天数

资金成本一般可按有价证券收益率计算。

（2）管理成本。管理成本是应收账款的间接成本，包括对顾客的信用状况进行调查所需的费用、收集各种信用的费用、催收账款的费用以及其他用于应收账款的管理费用。

（3）坏账成本。坏账成本是指由于应收账款不能及时收回而发生坏账给企业造成的损失。

## 三、应收账款的信用政策

（1）信用政策，即应收账款的管理政策，是企业为规划与控制应收账款投资而确立的基本原则与行为规范。企业根据自身营运情况制定有关应收账款的政策，包括信用标准、信用条件、收账政策等内容。

①信用标准是企业接受用户的赊销条件时，用户必须具备的最低财务能力。

一般用坏账损失率来衡量。企业在设定某一顾客的信用标准时，往往先要评估他赖账的可能性。这可以通过"五C"系统来进行。所谓"五C"系统：是指评估顾客信用品质的五个方面，即品质、能力、资本、抵押、条件。

②信用条件是指企业要求客户支付货款时提出的付款要求和条件，主要包括信用期、折扣期及现金折扣百分比。信用期为公司为客户规定的最长付款时间。折扣期是公司为客户规定的可享受现金折扣的付款时间。现金折扣百分比是客户提前付款时给予的优惠。

③收账政策是当企业的信用条件被违反时，企业应采取的收账策略。收账政策的确定要通过权衡收账过程的成本与收回账款的收益来实现。对应收账款回收情况的监督可通过编制账龄分析表来实施。对于逾期时间不同的应收账款，应采用不同的收账政策。如图4-4所示。

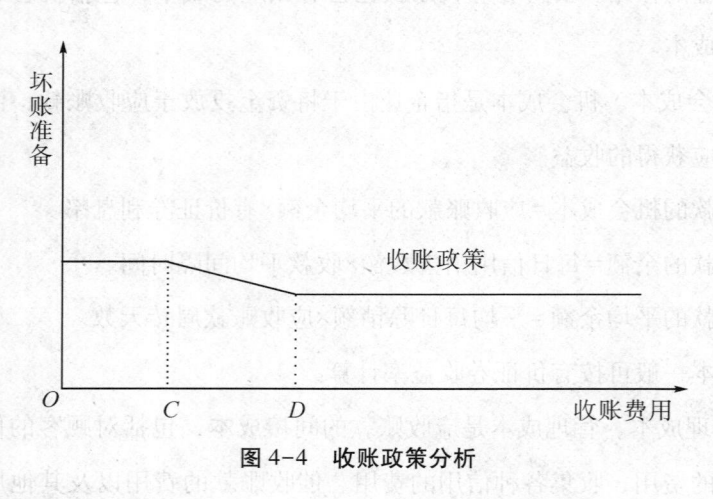

图4-4 收账政策分析

当收账费用（为收取货款所发生的费用）达到一定数量，即C点时，坏账损失开始减少，但随着收账费用的不断增加，达到一定数量时，坏账损失就不再减少，这是收账方面的饱和点（D点）。这说明在市场经济条件下，一定的坏账是不可避免的。

（2）最优信用额度的确定。最优信用额度应为持有的应收账款总成本最低时的信用额。基于应收账款的持有成本（坏账成本、收账成本、资金占用成本等）与授予的信用额的正相关关系，确定企业最优的信用额度。如图4-5所示。

图 4-5　最佳信用额的确定

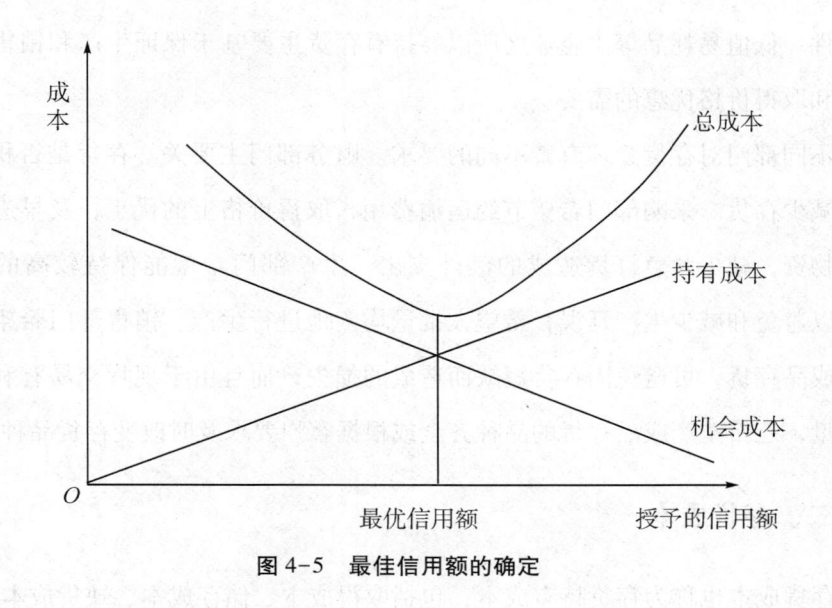

### 四、应收账款的日常管理

企业对外提供商业信用可能蕴涵着巨大的风险，应该加强对应收账款的管理。主要包括建立客户档案及设定相应的信用额度，执行应收账款的对账制度，进行应收账款的账龄分析和计提应收账款的坏账准备。

（1）调查客户信用状况。其方法为与客户直接接触和加工整理保存的原始记录和核算资料。信用资料的来源主要包括：财务报表、来自信用评估机构的资料、来自银行的资料、来自企业主管部门和其他部门的资料。

（2）评估客户信用状况。五"C"评估法品质（Character）、能力（Capacity）、资本（Capital）、担保品（Collateral）和行情（Condition）。

## 第五节　存货管理

### 一、存货管理概述

存货是指企业在日常活动中持有以备出售的产成品或商品、处在生产过程中的在产品、在生产过程或劳务过程中耗用的材料和物料等。存货属于企业的流动资产，具体包括：各种原材料、在产品、半成品、产成品、商品、包装物、修理用备件、低值易耗品等。企业之所以要持有存货主要基于保证生产和销售的经营需要和取得价格优惠的需要。

不同部门对存货管理有着不同的要求。财务部门主要关心存货是否积压，尽可能减少存货。采购部门希望节约运输费用，取得价格上的优惠，及早进货批量采购物资，减少紧急订货造成的额外支出。生产部门希望能保持较高的存货水平，以避免和减少生产延误，希望大批量均衡地进行生产。销售部门希望有大量的产成品存货，可避免因存货短缺而造成的损失，而且由于现货交易有利于增加销售量，还希望产成品存货的品种齐全或根据客户要求及时改变存货品种。

## 二、存货成本

存货成本也称为存货持有成本，包括取得成本、储存成本、缺货成本三种。

（1）取得成本。取得成本是指为取得某种存货而支出的成本，可分为订货成本和购置成本。订货成本是取得订单的成本，包括固定订货成本，如常设采购机构的基本开支等；包括变动订货成本，如差旅费、邮资等。购置成本是指存货本身的价值。

$$订货成本 = F_1 + \frac{D}{Q} \times K \tag{4-16}$$

$F_1$为订货固定成本，$D$为存货年需要量，$Q$为每次进货量，$D/Q$为订货次数；$K$为每次订货变动成本。

购置成本=$DU$，$D$为年采购量，$U$为采购单价。

取得成本=订货成本+购置成本=订货固定成本+订货变动成本+购置成本

$$TCA = F_1 + \frac{D}{Q} \times K + DU \tag{4-17}$$

（2）储存成本。储存成本是指为保持存货而发生的成本，也分为固定成本和变动成本。固定成本与存货数量无关，如仓库折旧、仓库职工的固定工资等；变动成本与存货的数量有关，如存货资金的应计利息、存货的破损和变质损失、存货的保险费用等。

储存成本=储存固定成本+储存变动成本

$K_C$：单位储存变动成本

$$TC_C = F_2 + \frac{Q}{2}K_c \tag{4-18}$$

(3) 缺货成本。缺货成本是指由于存货供应中断而造成的损失。它包括材料供应中断造成的停工损失、产成品库存缺货造成的拖欠发货损失、丧失销售机会的损失及其造成的商誉损失等。

存货总成本＝取得成本＋储存成本＋缺货成本

$$TC = F_1 + \frac{D}{Q}K + DU + F_2 + \frac{Q}{2}K_c + TC_S \tag{4-19}$$

## 三、订货方式

企业订货方式通常分为定量订货方式和定期订货方式两种。

（1）定量订货方式：当库存量下降到预定的最低库存数量（订货点）时，按规定数量（一般以经济批量为标准）进行订货以补充库存的一种库存管理方式。该方式主要适用于品种数目少但占用资金大的库存。

（2）定期订货方式是按预先确定的订货间隔期进行订货以补充库存的一种库存管理方式。它主要适用于品种数量大但占用资金较少的库存。

## 四、经济订货量

### 1. 假设条件

经济订货量需要设立的假设条件：①缺货成本为零，即缺货即补，即补即到；②集中到货，不是陆续入库；③需求稳定，$D$ 为常量；④单价不变，不考虑现金折扣，$U$ 为已知常量；⑤不会因为购货资金短缺而影响进货；⑥产品供应充足；⑦缺货为零，即无缺货成本。

### 2. 最优订货批量

当存货总体成本最低时，最优订货批量得以确定。基于以上假定，缺货成本为零，对公式 4-17 进行求导，得到最优订货批量。如图 4-6 所示。

$$Q^* = \sqrt{\frac{2KD}{K_c}} \tag{4-20}$$

最佳订货次数：$N^* = D/Q$

存货总成本：$TC(Q^*) = \sqrt{DKK_c}$

存货量（Q）

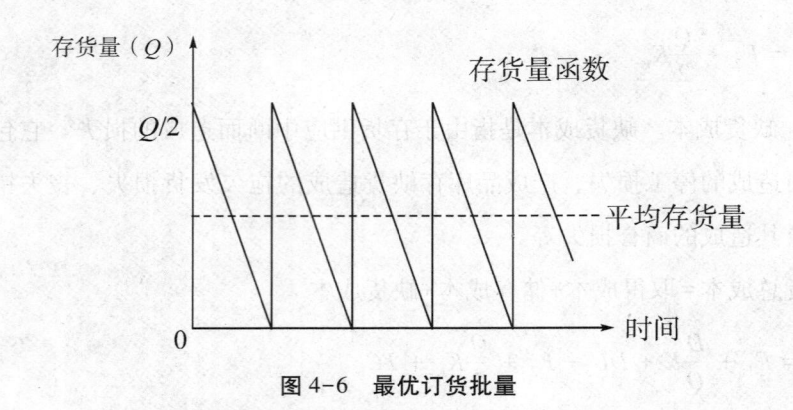

存货量函数

Q/2

平均存货量

0 ──────────────────────→ 时间

图 4-6　最优订货批量

最佳订货周期：$T^* = 1/N$

经济订货批量所需资金：$M^* = (Q/2) \cdot U$

**例 4-3**　某企业每年耗用甲材料 4 200 千克，该材料单位成本为 20 元，单位储存成本为 4 元，一次订货成本为 30 元。计算最优订货量、年最优订货次数、最优存货成本。

解：$D = 4\ 200$，$U = 20$，$K_C = 4$，$K = 30$，求 $Q^*$，$N^*$，$TC^*$，$T^*$，$M^*$。

$$Q^* = \sqrt{\frac{2 \times 4\ 200 \times 30}{2}} = 502$$

$N^* = 4\ 200/502 = 8.37$（次）

$TC^* = \sqrt{2 \times 4\ 200 \times 30 \times 4} = 1\ 004$ 元

$T^* = 12/8.37 = 1.43$（月）

$M^* = 502/2 \times 20 = 5\ 020$（元）

# 实验三　企业经营规划

## 一、实验目的（招聘员工、购买材料、购买厂房与生产线、承接订单）

掌握企业生产运营规划、投资筹资规划与现金预算的内容和编制方法。

## 二、实验内容与要求

在当月 1—5 日，由模拟企业财务总监制定当月规划和预算。在制订生产运营计划时，需要先根据实验二中对市场和产品的了解，确定生产哪一种产品或者产品组合，然后结合企业战略及资源确定应该承接多少订单，再根据订单的情况判断需要采购多少材料、聘用多少工人，是否需要研发和投入广告。在制订投资筹资计划时，先根据订单的情况，确定需要多大的产能，再根据产能确定需要投资的生产线和厂房，并根据员工数量确定办公用房的大小，最后，根据企业资金情况决策是购买还是租赁，是否需要融资。现金预算表是根据生产运营决策和投资筹资决策来规划现金流状态。

①依据企业的发展战略，讨论完成本年度生产运营规划。如表4-2所示。

表4-2　　　　　　　　　　本年度生产运营规划

| 1. 原材料购买计划（确定生产，请在括号内画√） | | | |
|---|---|---|---|
| 家庭影院（　） | 音响数量： | 辅助材料数量： | |
| 烤箱（　） | 箱体数量： | 加热装置数量： | 辅助材料数量： |
| 电暖气（　） | 加热材料数量： | 辅助材料数量： | |
| 2. 生产投料计划 | | | |
| 家庭影院： | 烤箱： | 电暖气 | |
| 3. 承接订单计划 | | | |
| 家庭影院： | 烤箱： | 电暖气 | |
| 4. 人员招聘计划 | | | |
| 生产人员： | 研发人员： | 餐饮人员： | |
| 5. 研发投入计划（确定研发，请在括号内画√） | | | |
| 家庭影院（　） | 人数： | 金额： | |
| 烤箱（　） | 人数： | 金额： | |
| 电暖气（　） | 人数： | 金额： | |
| 6. 广告投入： | | | |
| 7. 其他业务计划 | | | |
| 餐饮业务A： | 餐饮业务B： | 餐饮业务C： | |
| 8. 出售原材料计划（确定出售，请在括号内画√） | | | |
| 家庭影院（　） | 音响数量： | 辅助材料数量： | |
| 烤箱（　） | 箱体数量： | 加热装置数量： | 辅助材料数量： |
| 电暖气（　） | 加热材料数量 | 辅助材料数量 | |

②依据企业的发展战略，讨论完成本年度投资筹资规划。如表4-3所示。

表 4-3　　　　　　　　　　　　本年度投资筹资规划

| 1. 投资生产线计划 | | |
|---|---|---|
| 烤箱生产线 A 型 | 购买数量： | 租赁数量： |
| 烤箱生产线 B 型 | 购买数量： | 租赁数量： |
| 电暖气生产线 A 型 | 购买数量： | 租赁数量： |
| 电暖气生产线 B 型 | 购买数量： | 租赁数量： |
| 家庭影院生产线 A 型 | 购买数量： | 租赁数量： |
| 家庭影院生产线 B 型 | 购买数量： | 租赁数量： |
| 2. 投资房产计划 | | |
| 厂房 A | 购买数量： | 租赁数量： |
| 厂房 B | 购买数量： | 租赁数量： |
| 厂房 C | 购买数量： | 租赁数量： |
| 办公用房 A | 购买数量： | 租赁数量： |
| 办公用房 B | 购买数量： | 租赁数量： |
| 办公用房 C | 购买数量： | 租赁数量： |
| 办公用房 D | 购买数量： | 租赁数量： |
| 办公用房 E | 购买数量： | 租赁数量： |
| 3. 投资债券计划： | | |
| 4. 短期贷款计划 | 金额： | 期限： |
| 5. 抵押贷款计划 | 金额： | 期限： |
| 6. 委托贷款计划 | 金额： | 期限： |

③在年度生产运营规划和投资筹资规划的基础上填制现金预算表。如表 4-4 所示。

表 4-4　　　　　　　　　　　　现金预算表

| 摘要 | 本月 |
|---|---|
| 期初现金余额 | |
| 加：现金收入 | |
| 应收账款收回及销售收入 | |
| 可动用现金合计 | |
| 减：现金支出 | |
| 采购直接材料 | |
| 支付直接人工 | |
| 制造费用 | |

表4-4(续)

| 摘要 | 本月 |
|---|---|
| 销售及管理费用 | |
| 购置固定设备 | |
| 支付所得税 | |
| 支付股利 | |
| 现金支付合计 | |
| 现金结余（不足） | |
| 融资： | |
| 向银行借款（期初） | |
| 归还借款（期末） | |
| 支付利息 | |
| 融资合计 | |
| 期末现金余额 | |

# 第五章　企业运营的主要业务流程

## 第一节　企业与外部机构

### 一、银行

#### （一）银行概述

银行是依法成立经营货币和信用业务的金融机构。我国银行一般分为中央银行、商业银行和政策性银行。中国人民银行是我国的中央银行，属于行政管理机关。其主要职能是制定和执行货币政策，防范和化解金融风险，维护金融稳定，一般不针对个人和企业办理银行业务。在企业生产经营过程中，与之有业务往来的主要是商业银行和政策性银行。在我国，商业银行主要分为国有商业银行、全国性的股份制银行和城市商业银行，包括中国工商银行、中国农业银行、中国建设银行、中国银行、交通银行等；政策性银行包括国家开发银行、中国农业发展银行和中国进出口银行。银行信贷是各类企业筹集资金的重要渠道，可以满足企业长期资本和流动性资金需求。

#### （二）企业常见的银行业务

1. 存款业务

存款业务是指企业使用在银行开设的存款账户办理资金结算。存款业务一般包括本外币活期存款、本外币定期存款、本外币通知存款以及人民币协定存款等。企业通常在银行开设两类人民币活期存款账户：基本存款账户和一般存款账户。这两类账户都可用于办理日常的资金结算业务和存入现金业务，差别在于基本存款账户可以办理提取现金业务，而一般存款账户则不能。外币活期存款主要分为外汇存款账户和外汇结算账户两种。正常生产经营的企业只有在投资机会不足且存在大笔闲置资金时才会选择将活期存款转为定期存款，以获取更高的收益。企业短期内的闲置资金量较大，又希望保持较高的灵活性，可以选择开设通知存款账户或协定存款账户。

2. 贷款业务

贷款业务是指企业为了满足生产经营的资金需求，向银行或其他金融机构按照规定利率和期限进行借款。目前，企业经常使用的贷款种类包括流动资金贷款、中长期贷款和票据贴现，贷款的方式包括信用贷款、担保贷款、质押贷款和抵押贷款。信用贷款是指银行依据企业的信用程度发放的贷款，不需要提供担保。大多数贷款需要企业提供能够承担财务风险的可靠保证，可以是有能力提供担保的保证人，即担保贷款；或以企业或第三方的动产或权利作为质物，即质押贷款；或以企业或第三方的财产物资作为抵押物，即抵押贷款。通过贴现方式获取资金的票据可以是商业承兑汇票或银行承兑汇票，贴现实收金额为票面金额扣除从贴现日到商业汇票到期前一日的票面利息。

3. 进出口业务

企业在生产经营过程中，也可以在银行办理相应的国际业务。这些业务主要有外币汇款、进出口托收、信用证业务、保函业务等。外币汇款是指银行根据企业提供的汇款申请书的内容和指示，将款项汇给指定的境外收款人的业务或解付给指定收款人的业务。进出口托收是指企业向银行提交凭以收款的金融凭据或商业单据，银行通过其代理行向付款人收取款项。托收业务根据方向的不同分为进口代收和出口托收两种。信用证业务是指开证银行应开证申请企业的要求，开给指定受益人的书面保证文件。它保证开证行在一定的期限和规定的金额内，只要受益人交来的单据与信用证条款相符，那么一定付款。保函业务是指银行应企业申请而开立的具有担保性质的书面文件。当企业未能履行约定义务时，由银行履行担保责任。

二、政府机构

在生产经营过程中，政府对企业有着多方面的利益影响。政府是企业的重要外部机构，政府关系是也是企业协调外部关系的重要方面。企业经营过程涉及的政府部门较多，如：税务局、工商行政管理局、发改委、规划局、环境保护局、人力资源与社会保障局等。其中，与财务人员工作联系紧密的是工商行政管理部门和税务管理部门。

### （一）工商行政管理部门

工商行政管理局是政府主管市场监管和行政执法的工作部门，其主要职责包括：①负责各类市场主体的登记注册并监督管理；②依法规范和维护各类市场经营秩序；③监督管理流通领域商品质量和食品安全，维护经营者、消费者合法权益；④依法实施合同行政监督管理，负责管理动产抵押物登记，组织监督管理拍卖行为，负责依法查处合同欺诈等违法行为；⑤指导广告业发展，负责广告活动的监督管理工作；⑥负责商标注册和管理工作，依法保护商标专用权和查处商标侵权行为，处理商标争议事宜；⑦组织与指导企业、个体工商户、商品交易市场信用分类管理；⑧负责个体工商户、私营企业经营行为的监督管理。

### （二）税务管理部门

税务机关是主管我国税收征收管理工作的部门。我国实行分税制财政管理体制，在省及省以下税务机构分设为国家税务局和地方税务局两个系统。税务管理部门的主要职责包括：①承担政府确定的税费征收管理责任；②负责制定税收管理信息化制度，拟定税收管理信息化建设中长期规划并组织实施；③负责规划和组织实施纳税服务体系建设，制定纳税服务管理制度，规范纳税服务行为；④制定和监督执行纳税人权益保障制度，保护纳税人合法权益；⑤负责本市税收分析、纳税评估和税源管理工作。

### （三）企业与政府的关系

企业作为经营主体，必须正确对待和处理与政府的关系，为企业建立良好的外部政治环境，促进企业的生存和发展。具体应做到以下几方面：①遵纪守法，用法规法纪规范企业的生产经营活动，主动接受政府对企业的规范和指导；②加强与政府部门的信息沟通，及时了解各项政策法令，把握政府经济改革与发展的思路与方针;③熟悉政府部门的机构设置、职能分工、工作范围和办事程序,提高办事效率;④为政府决策提供支持和帮助,协助政府解决社会问题。

### 三、供应商

供应商是指向企业提供商品及相应服务的组织和机构,包括制造商、经销商和其他中间商。企业与供应商之间应该是一种合作的关系。通过合作和协商,增进双方的交流,既能帮助供应商改进质量、加快产品开发进度、提高应对市场风险的能力,也有助于供应商降低库存、减少购货成本、控制制造过程、保证产品质量。

与供应商的良好合作关系是采购活动得以有效执行的基础,企业可以从以下几个方面来维护与供应商的关系:①寻找与公司发展战略与经营规模相匹配的供应商;②与制造商之间经常进行有关成本、质量控制等信息的交流与沟通;③建立良好的合作气氛,体谅供应商的难处;④与制造商保持经常性互访,以便及时发现和解决在合作过程中的问题;⑤建立有效的供应商评价和激励机制。

### 四、客户

客户是企业确立市场地位,获取竞争优势的重要资源。客户资源是一个企业最终实现其生产经营目标的来源。企业没有客户,生产便失去了价值。强化客户购买意愿,建立客户忠诚,从而实现长期稳定的客户关系,对企业而言至关重要。

一个完整的客户生命周期分为考察期、形成期、稳定期和退化期四个阶段。企业应该根据不同阶段客户的特征实施有效的客户关系管理措施。这些措施通常包括:①关注客户的需要,向客户提供高质量的产品和有价值的服务;②提高客户的转移成本,防止客户流失;③区分阶段制定客户维护措施,促进客户关系尽快进入稳定期;④当客户关系出现倒退时,及时采取措施修复;⑤重点关注给企业带来战略性发展意义的大客户。

## 第二节 企业的主要业务流程

这里以制造业为例介绍企业的主要业务流程。制造业的主要业务包括采购、生产和销售三大环节，每一个环节都与财务部门密切相关。如图 5-1 所示。

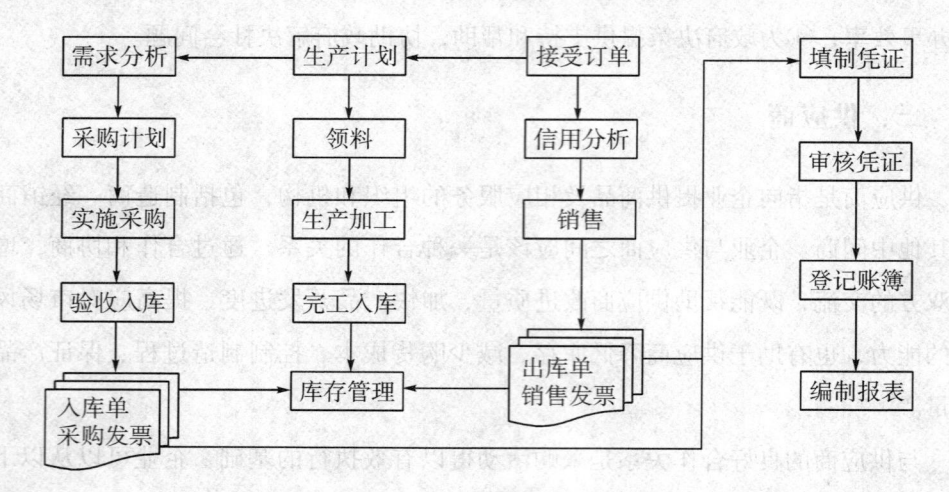

**图 5-1　制造业的主要业务流程**

## 一、采购环节

采购是企业获取生产资源的重要经营活动。采购环节通常包括需求分析、计划、采购、验收入库。

### （一）需求分析

企业购买材料、商品或其他物资的需求通常源于库存储备、生产或其他部门的运作需要。各物资需求部门应填制请购单，送交采购部门。

### （二）采购计划

采购部门收到递交的请购单后，审核是否属于常规采购，如属于非正常购买，则需要提请相关授权人员进行审批。

### （三）实施采购

采购部门选择合适的供应商，根据经济订货批量和次数或企业制定的采购规范，对经过审批的请购单实施采购。

### （四）验收入库

收到货物后，应积极组织物资的验收与入库，并填制验收单。这一步骤是会计核算过程中进行资产、负债等确认的依据。

## 二、生产环节

生产环节是指通过一系列有组织的生产活动，按照特定的生产工艺流程，从投料开始，经过劳动加工，直至产品完工的全过程。生产环节通常包括生产计划、领料、生产加工和完工入库。

### （一）生产计划

根据销售部门提供的客户订单并结合企业库存进行产能分析，规划产能分配和生产进程，确保能按期按量满足客户需求。如果订单数量超出企业生产能力，那么需销售部门与客户协商交货时期、数量等事宜，或考虑采取其他渠道提高供货能力。

### （二）领料

依据生产计划，仓库根据生产部门填写的领料单及时进行配料和发料。具体的领发料方式与企业的存货管理制度相关。每次收发料时应做好记录备查。

### （三）生产加工

产品生产加工需要有效的组织和控制。企业应对关键生产工序进行识别，制定相应的工艺流程指导书，确保生产人员具备相应的能力，并定期对产品进行抽检。必要时组织生产、销售、采购等部门人员召开生产调度会议，进行有效的沟通，保证按时交货。

### （四）完工入库

产品完工后由质监部门完成成品检验工作，针对合格产品应签发合格证书，不合格产品需进行返修或报废。同时，对于准备发货的产品，需按照销售合同的要求进行包装、贴签，备齐装箱清单、发运单等随货文件。

### （五）库存管理

库存管理是指对企业生产经营过程中的各种物资，尤其是原材料和产成品，进行管理和控制，使其储量保持在经济合理的水平。库存管理的主要工作包括合理规划库存周期、及时记录物资的基础数据、负责日常收发货、定期对仓库货物库存进行盘点以及管理仓库间分配调拨业务等。

### 三、销售环节

销售是企业通过提供商品或劳务获取经济效益的关键环节。企业性质不同，销售的具体环节也略有差异，但都包括以下三个主要流程：

#### （一）接受订单

收到客户的订单，需要根据事先核准的客户名单以及对方的采购条件等信息确定是否接受订单。接受订单后，销售部门应对订单内容进行核对，并编制销售通知单。

#### （二）信用分析

信用分析是指由信用部门通过客户的信用记录来确定是否授信。如果客户是第一次购买企业产品，那么应经过必要的信用调查，确定授信额度，再提交主管人员审批。

#### （三）销售

库管部门根据销售通知单准备产品，编制发货凭证，同时会计部门开具销售发票给客户。发货以后，会计部门根据合同的收款约定及时进行款项的催收。

## 实验四　运营过程模拟

### 一、实验目的

学生通过设立的虚拟企业，在给定的市场环境下做出企业运作经营决策。通过经营模拟，认识企业的生产经营过程，了解每一项决策的经济后果，掌握生产经营过程中的基本决策方法。

## 二、实验内容与要求

（1）经营期间：20××年1月1日—20××年4月15日。

（2）各小组成员按照职务分工合作完成20××年1月1日—20××年4月15日的生产经营以及1—3月的财务核算，4月发生的经济业务可不进行财务核算。

## 三、实验资料

（1）企业可选经营范围：制造业，可同时兼营餐饮业、运输业。

（2）根据系统提示完成每日任务以及相关决策。

登录系统运营主页，左侧菜单显示了相应角色可以进行的各种操作，页面中间分别列示了市场资讯、今日事项、待办事项、我的审批单和组信息，其中今日事项和待办事项列明了该角色需要处理的事项，我的审批单列明了角色权限范围内的审批事项，组信息显示了小组其他成员的工作状态。如图5-2所示。

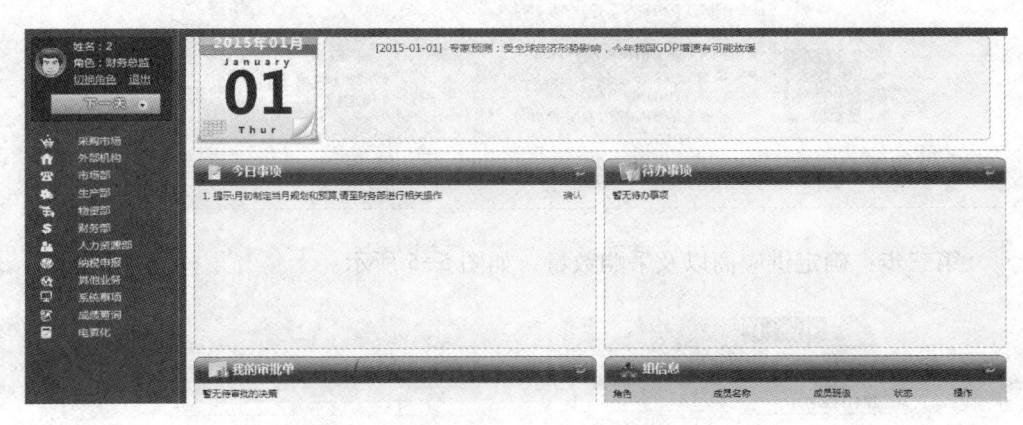

图5-2 系统运营主页

（3）主要业务的内容介绍。

①采购原材料。

采购原材料在采购市场中进行，先根据拟生产的产品确定原材料种类及配比，选择材料供应商，再根据生产计划确定经济订货批量。通常购买数量越大，能够获取的折扣也越大。材料的发货方式和付款方式与企业的信誉值有关，信誉值越低可选项就越少。

第一步：进入采购市场，如图5-3所示。

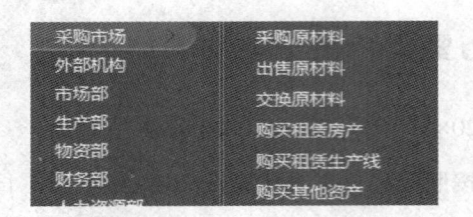

图 5-3　采购市场

第二步：选择生产产品所需的材料，如图 5-4 所示。

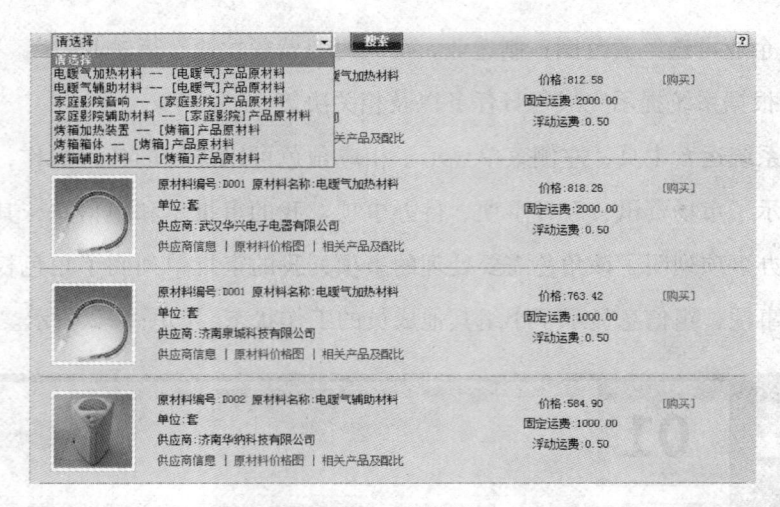

图 5-4　材料选择

第三步：确定供应商以及采购数量，如图 5-5 所示。

图 5-5　查看采购方式及确定采购数量

第四步：上述购买事项提交审批通过后执行交易，并根据合同约定付款。如果不能付款，将产生相应的滞纳金、违约金，甚至进入法院强制处理。

②购买或租赁固定资产。

采购或租赁固定资产在采购市场中进行，先根据拟生产的产品确定固定资产种类，再选择供应商。根据实验设置，购买时可能需要填写资产的折旧月份和净残比率。

第一步：进入采购市场。

第二步：选择生产产品所需的材料，如图5-6所示。

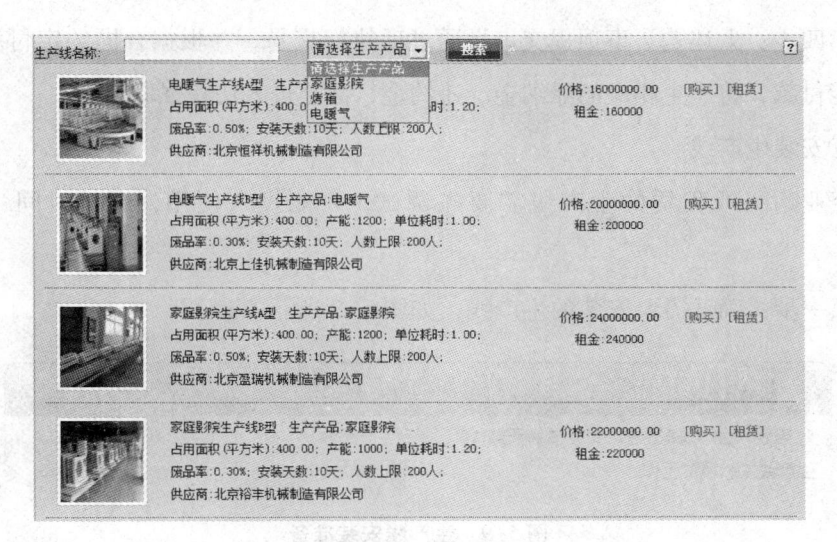

图 5-6　选择材料

第三步：确定供应商，选择购买或租赁，如图5-7、图5-8所示。

图 5-7　确定固定资产供应商

| 租赁固定资产合同信息 | | | |
|---|---|---|---|
| 资产名称： | 电暖气生产线A型 | 资产价格： | 16000000.00 |
| 供应商： | 北京恒祥机械制造有限公司 | 固定资产类型： | 生产线 |
| 对应产品： | 电暖气 | 单位产品耗用工时： | 1.20 |
| 生产线产能： | 1000 | 废品率： | 0.50 |
| 占用面积(平方米)： | 400.00 | | |
| 付款方式： | 一次性付款 | 租金(每月)： | 160000 |
| 租赁数量： | 1 | 年租金： | 1920000 |
| 首付金额： | 640000 | | |
| 注意： | 租赁租期为1年，首次支付(1+3)个月租金，后面按季度收取租金(一季度一付) | | |

图 5-8　租赁决策

第四步：上述购买事项提交审批通过后执行交易，并根据合同约定付款。如果不能付款，将产生相应的滞纳金、违约金，甚至进入法院强制处理。

③安装生产线。

企业购买或租赁的生产线需要先调试，才能投入使用，调试时间一般为10天。

第一步：确认需要安装的生产线，如图5-9所示。

**今日事项**

1. 电暖气生产线B型进行安装，安装天数:10天,请到生产部做生产线安装调试工作。　　　　　　　　　　　　　　　进行安装确认

图 5-9　生产线安装准备

第二步：将生产线移入厂房，如图5-10所示。

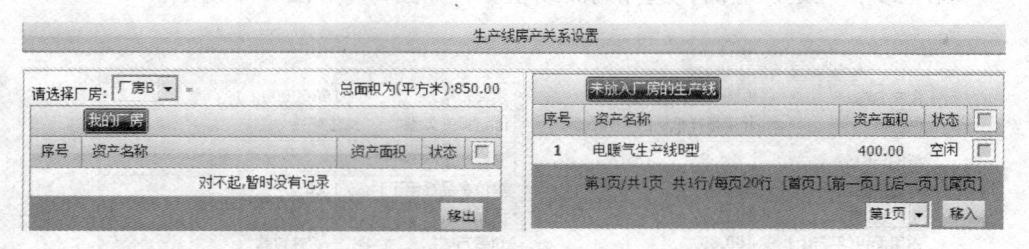

图 5-10　生产线安装

④承接业务订单。

承接主营业务订单在市场部进行，先选择生产的产品查看可选订单，再根据销售条件、客户信息和产能确定承接哪些订单。

第一步：进入市场部，如图 5-11 所示。

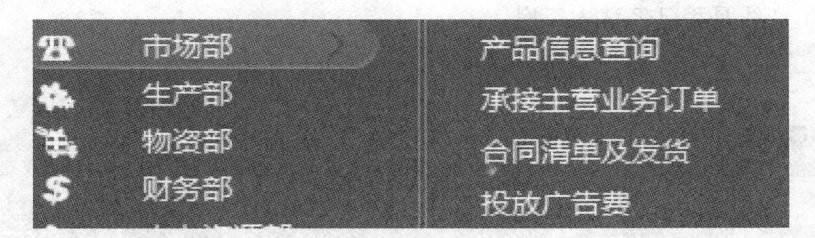

图 5-11　市场部

第二步：查看可选订单，如图 5-12 所示。

图 5-12　查看订单

第三步：确定承接哪些订单，如图 5-13 所示。

图 5-13　订单决策

第四步：在"合同清单及发货"中查看订单合同并发货，等待收款。

⑤生产产品。

在生产产品之前，需要确认原材料是否充足、是否已招聘员工、员工是否入职以及生产线是否已经移入厂房。

第一步：根据承接订单情况安排生产，如图5-14所示。

图 5-14 安排生产

第二步：按照产能和材料情况确定投产数量，如图5-15所示。

图 5-15 产品投产

⑥人力资源管理。

根据企业的生产需要招聘员工，并完成员工入职。

第一步：进入人力资源部，如图5-16所示。

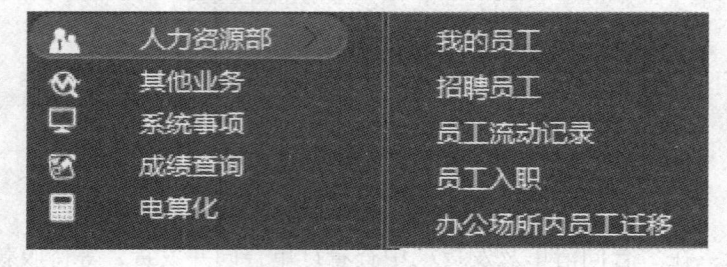

图 5-16 人力资源部

第二步：招聘员工，如图 5-17 所示。

图 5-17　招聘员工

注意：生产线管理人员由系统自动配备，每台生产线 5 人。企业员工中管理人员、销售人员、研发人员需要占用办公场所，人均面积为 3 平方米。如图 5-18 所示。

图 5-18　实施招聘

第三步：为员工办理入职手续，如图 5-19 所示。

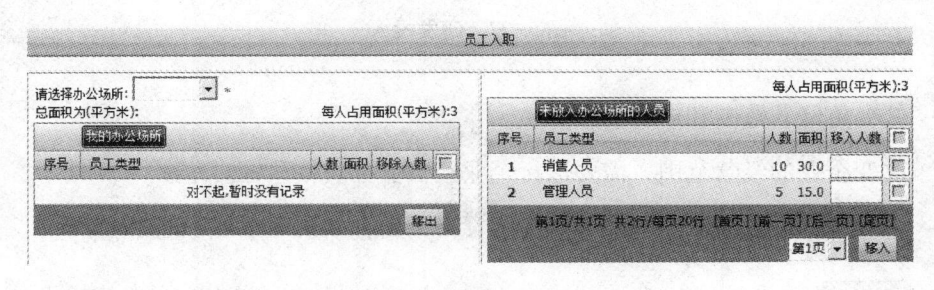

图 5-19　员工入职

当员工人数已超过办公生产用房所能容纳的人数时，不能完成入职。

⑦研发产品。

研发产品会使企业获取售价更高的订单。研发投入达到高新企业标准的，可以申请高新企业认证，以便获取税收优惠。

第一步：进入生产部，如图 5-20 所示。

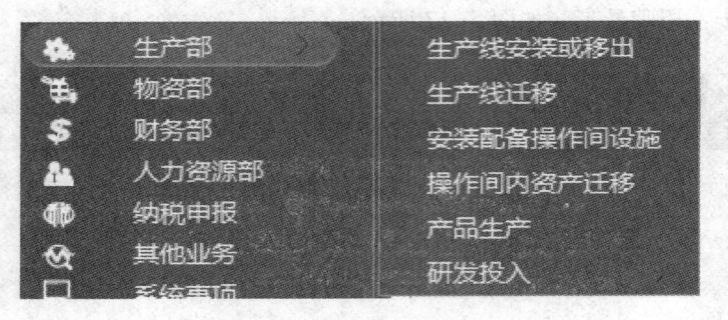

图 5-20　生产部

第二步：查询研发要求及效果，如图 5-21 所示。

【电暖气产品研发投入效果】

| 研发等级 | 投入费用 | 产品订单单价上涨（%） |
| --- | --- | --- |
| 研究调研 | 500000.00 | 1.00 |
| 开发一级 | 1000000.00 | 2.00 |
| 开发二级 | 2000000.00 | 3.00 |
| 开发三级 | 3000000.00 | 4.00 |

图 5-21　查看研发过程

第三步：投入产品研发，如图 5-22 所示。

| 序号 | 产品名称 | 当前研发级别 | 投放研发人员数量 | 累计投入研发费用 | 研发效果 | 操作 |
| --- | --- | --- | --- | --- | --- | --- |
| 1 | 电暖气 | 未到达 | 0 | 0.00 | 研发效果查询 | 投入研发 |

每月的15号之前才能投入研发，每月的20号之后才能终止研发

图 5-22　研发投入

⑧变更经营范围和申请税收优惠。

改变企业的经营范围，需要进行企业经营业务资格认证。

第一步：进入政府办事大厅，申请资格认证，如图 5-23 所示。

我司认证资格

| 序号 | 认证资格 | 认证机构 | 申请时间 | 生效时间 | 状态 | 操作 |
| --- | --- | --- | --- | --- | --- | --- |
| 1 | 卫生经营许可证 | 卫生局 | 2015-01-05 | 2015-01-10 | 审批中 | 查看证书 |

申请认证资格

| 序号 | 认证资格 | 认证机构 | 操作 |
| --- | --- | --- | --- |
| 1 | 高科技产业资格 | 科技局 | 申请 |

图 5-23　申请资格认证

第二步：进入工商管理局变更生产经营范围，如图 5-24 所示。

图 5-24　变更经营范围

第三步：申请税收优惠，如图 5-25 所示。

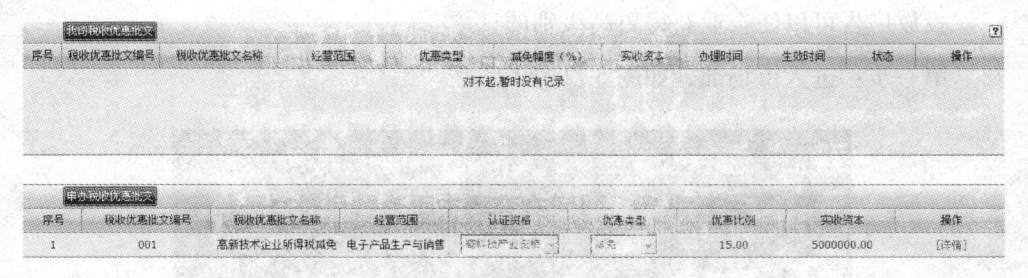

图 5-25　申请税收优惠

⑨贷款。

根据发展战略确定企业贷款计划。

第一步：进入银行，如图 5-26 所示。

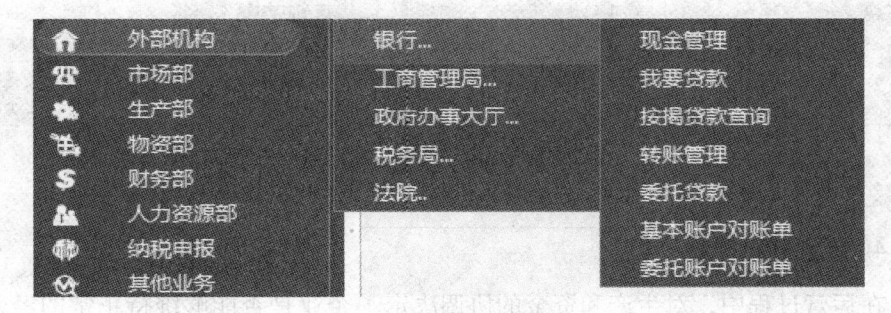

图 5-26　银行业务

第二步：申请贷款，如图5-27所示。

图5-27　申请银行贷款

⑩投放广告。

投放广告可以使企业获得更高级别的订单。

第一步：进入市场部，如图5-28所示。

图5-28　市场部业务

第二步：投放广告，如图5-29所示。

图5-29　投放广告

4. 运营过程控制

在运营过程中，对生产和资金的协调决定了企业是否能够维持正常的经营状态。停工待料、无法按时交货以及现金短缺无法及时支付都将导致企业发生损失，甚至破产。控制过程中使用的控制表可根据需要自行复制添加。

（1）第一个月。

①采购及投料控制（1月），如表5-1所示。

表5-1　　　　　　　　　　1月采购及投料控制表

| 日期 | 1 | 2 | 3 | 4 | 5 | 6 | 7 | 8 | 9 | 10 |
|---|---|---|---|---|---|---|---|---|---|---|
| 库存 | | | | | | | | | | |
| 收料 | | | | | | | | | | |
| 投料 | | | | | | | | | | |
| 日期 | 11 | 12 | 13 | 14 | 15 | 16 | 17 | 18 | 19 | 20 |
| 库存 | | | | | | | | | | |
| 收料 | | | | | | | | | | |
| 投料 | | | | | | | | | | |
| 日期 | 21 | 22 | 23 | 24 | 25 | 26 | 27 | 28 | 29 | 30 |
| 库存 | | | | | | | | | | |
| 收料 | | | | | | | | | | |
| 投料 | | | | | | | | | | |

②生产及交货控制（1月），如表5-2所示。

表5-2　　　　　　　　　　1月生产及交货控制表

| 日期 | 1 | 2 | 3 | 4 | 5 | 6 | 7 | 8 | 9 | 10 |
|---|---|---|---|---|---|---|---|---|---|---|
| 库存 | | | | | | | | | | |
| 投产 | | | | | | | | | | |
| 完工 | | | | | | | | | | |
| 日期 | 11 | 12 | 13 | 14 | 15 | 16 | 17 | 18 | 19 | 20 |
| 库存 | | | | | | | | | | |
| 投产 | | | | | | | | | | |
| 完工 | | | | | | | | | | |
| 日期 | 21 | 22 | 23 | 24 | 25 | 26 | 27 | 28 | 29 | 30 |
| 库存 | | | | | | | | | | |
| 投产 | | | | | | | | | | |
| 完工 | | | | | | | | | | |

③货币资金控制（1月），如表5-3所示。

表5-3　　　　　　　　　　　1月货币资金控制表

| 日期 | 1 | 2 | 3 | 4 | 5 | 6 | 7 | 8 | 9 | 10 |
|---|---|---|---|---|---|---|---|---|---|---|
| 余额 | | | | | | | | | | |
| 收款 | | | | | | | | | | |
| 支付 | | | | | | | | | | |
| 日期 | 11 | 12 | 13 | 14 | 15 | 16 | 17 | 18 | 19 | 20 |
| 余额 | | | | | | | | | | |
| 收款 | | | | | | | | | | |
| 支付 | | | | | | | | | | |
| 日期 | 21 | 22 | 23 | 24 | 25 | 26 | 27 | 28 | 29 | 30 |
| 余额 | | | | | | | | | | |
| 收款 | | | | | | | | | | |
| 支付 | | | | | | | | | | |

（2）第二个月。

①采购及投料控制（2月），如表5-4所示。

表5-4　　　　　　　　　　　2月采购及投料控制表

| 日期 | 1 | 2 | 3 | 4 | 5 | 6 | 7 | 8 | 9 | 10 |
|---|---|---|---|---|---|---|---|---|---|---|
| 库存 | | | | | | | | | | |
| 收料 | | | | | | | | | | |
| 投料 | | | | | | | | | | |
| 日期 | 11 | 12 | 13 | 14 | 15 | 16 | 17 | 18 | 19 | 20 |
| 库存 | | | | | | | | | | |
| 收料 | | | | | | | | | | |
| 投料 | | | | | | | | | | |
| 日期 | 21 | 22 | 23 | 24 | 25 | 26 | 27 | 28 | 29 | 30 |
| 库存 | | | | | | | | | | |
| 收料 | | | | | | | | | | |
| 投料 | | | | | | | | | | |

②生产及交货控制（2月），如表5-5所示。

表5-5　　　　　　　　　　2月生产及交货控制表

| 日期 | 1 | 2 | 3 | 4 | 5 | 6 | 7 | 8 | 9 | 10 |
|---|---|---|---|---|---|---|---|---|---|---|
| 库存 | | | | | | | | | | |
| 投产 | | | | | | | | | | |
| 完工 | | | | | | | | | | |
| 日期 | 11 | 12 | 13 | 14 | 15 | 16 | 17 | 18 | 19 | 20 |
| 库存 | | | | | | | | | | |
| 投产 | | | | | | | | | | |
| 完工 | | | | | | | | | | |
| 日期 | 21 | 22 | 23 | 24 | 25 | 26 | 27 | 28 | 29 | 30 |
| 库存 | | | | | | | | | | |
| 投产 | | | | | | | | | | |
| 完工 | | | | | | | | | | |

③货币资金控制（2月），如表5-6所示。

表5-6　　　　　　　　　　2月货币资金控制表

| 日期 | 1 | 2 | 3 | 4 | 5 | 6 | 7 | 8 | 9 | 10 |
|---|---|---|---|---|---|---|---|---|---|---|
| 余额 | | | | | | | | | | |
| 收款 | | | | | | | | | | |
| 支付 | | | | | | | | | | |
| 日期 | 11 | 12 | 13 | 14 | 15 | 16 | 17 | 18 | 19 | 20 |
| 余额 | | | | | | | | | | |
| 收款 | | | | | | | | | | |
| 支付 | | | | | | | | | | |
| 日期 | 21 | 22 | 23 | 24 | 25 | 26 | 27 | 28 | 29 | 30 |
| 余额 | | | | | | | | | | |
| 收款 | | | | | | | | | | |
| 支付 | | | | | | | | | | |

(3) 第三个月。

①采购及投料控制（3月），如表5-7所示。

表5-7　　　　　　　　　　3月采购及投料控制表

| 日期 | 1 | 2 | 3 | 4 | 5 | 6 | 7 | 8 | 9 | 10 |
|---|---|---|---|---|---|---|---|---|---|---|
| 库存 | | | | | | | | | | |
| 收料 | | | | | | | | | | |
| 投料 | | | | | | | | | | |
| 日期 | 11 | 12 | 13 | 14 | 15 | 16 | 17 | 18 | 19 | 20 |
| 库存 | | | | | | | | | | |
| 收料 | | | | | | | | | | |
| 投料 | | | | | | | | | | |
| 日期 | 21 | 22 | 23 | 24 | 25 | 26 | 27 | 28 | 29 | 30 |
| 库存 | | | | | | | | | | |
| 收料 | | | | | | | | | | |
| 投料 | | | | | | | | | | |

②生产及交货控制（3月），如表5-8所示。

表5-8　　　　　　　　　　3月生产及交货控制表

| 日期 | 1 | 2 | 3 | 4 | 5 | 6 | 7 | 8 | 9 | 10 |
|---|---|---|---|---|---|---|---|---|---|---|
| 库存 | | | | | | | | | | |
| 投产 | | | | | | | | | | |
| 完工 | | | | | | | | | | |
| 日期 | 11 | 12 | 13 | 14 | 15 | 16 | 17 | 18 | 19 | 20 |
| 库存 | | | | | | | | | | |
| 投产 | | | | | | | | | | |
| 完工 | | | | | | | | | | |
| 日期 | 21 | 22 | 23 | 24 | 25 | 26 | 27 | 28 | 29 | 30 |
| 库存 | | | | | | | | | | |
| 投产 | | | | | | | | | | |
| 完工 | | | | | | | | | | |

③货币资金控制（3月），如表5-9所示。

表5-9 3月货币资金控制表

| 日期 | 1 | 2 | 3 | 4 | 5 | 6 | 7 | 8 | 9 | 10 |
|---|---|---|---|---|---|---|---|---|---|---|
| 余额 | | | | | | | | | | |
| 收款 | | | | | | | | | | |
| 支付 | | | | | | | | | | |
| 日期 | 11 | 12 | 13 | 14 | 15 | 16 | 17 | 18 | 19 | 20 |
| 余额 | | | | | | | | | | |
| 收款 | | | | | | | | | | |
| 支付 | | | | | | | | | | |
| 日期 | 21 | 22 | 23 | 24 | 25 | 26 | 27 | 28 | 29 | 30 |
| 余额 | | | | | | | | | | |
| 收款 | | | | | | | | | | |
| 支付 | | | | | | | | | | |

# 第六章 会计核算

## 第一节 账务处理程序

账务处理程序，又称为会计核算组织程序，是指对会计信息的生成过程，包括核算、组织和记账程序，即从凭证的审核与填制、账簿的登记，到会计报表的程序和方法。会计账务处理程序有多种形式，主要的差别在于登记总分类账的依据和方法不同。企业可以根据其所属行业的性质、生产经营的特点、规模的大小、经济业务的繁简程度选择适用的账务处理程序。企业通常采用的账务处理程序有三种：记账凭证账务处理程序、汇总记账凭证账务处理程序和科目汇总表账务处理程序。

### 一、记账凭证账务处理程序

记账凭证账务处理程序是指经济业务发生后，先根据原始凭证或汇总原始凭证编制记账凭证，然后直接根据记账凭证逐笔登记总分类账的一种账务处理程序。它是最基本的账务处理程序。记账凭证账务处理程序适用于规模较小、经济业务量较少的企业。该账务处理程序的一般步骤如下：

（1）根据原始凭证编制汇总原始凭证。

（2）根据原始凭证或汇总原始凭证，填制收款凭证、付款凭证和转账凭证。

（3）根据收款凭证、付款凭证逐笔登记现金日记账和银行存款日记账。

（4）根据原始凭证、汇总原始凭证和记账凭证，登记明细账。

（5）根据记账凭证逐笔登记总分类账。

（6）期末将日记账、明细账的余额与总分类账核对。

(7) 期末，根据总分类账和明细分类账的记录，编制会计报表。

## 二、汇总记账凭证账务处理程序

汇总记账凭证账务处理程序是经济业务发生后，先根据原始凭证或汇总原始凭证编制记账凭证，定期根据记账凭证分别编制汇总收款凭证、汇总付款凭证和汇总转账凭证，再根据汇总记账凭证登记总分类账的一种账务处理程序。汇总记账凭证账务处理程序适用于规模较大、经济业务较多的企业。该账务处理程序的一般步骤如下：

(1) 根据原始凭证编制汇总原始凭证。

(2) 根据原始凭证或汇总原始凭证，填制收款凭证、付款凭证和转账凭证。

(3) 根据收款凭证、付款凭证逐笔登记现金日记账和银行存款日记账。

(4) 根据原始凭证、汇总原始凭证和记账凭证，登记各种明细分类账。

(5) 根据各种记账凭证编制有关汇总记账凭证。

(6) 根据各种汇总记账凭证登记总分类账。

(7) 期末将日记账、明细账的余额与总分类账核对。

(8) 期末，根据总分类账和明细分类账的记录，编制会计报表。

## 三、科目汇总表账务处理程序

科目汇总表账务处理程序是指经济业务发生后，先根据记账凭证定期编制科目汇总表，再根据科目汇总表登记总分类账的一种账务处理程序。科目汇总表账务处理程序适用于各种类型的企业，尤其是经济业务较多的。该账务处理程序的一般步骤如下：

(1) 根据原始凭证编制汇总原始凭证。

(2) 根据原始凭证或汇总原始凭证，填制收款凭证、付款凭证和转账凭证。

(3) 根据收款凭证、付款凭证逐笔登记现金日记账和银行存款日记账。

(4) 根据原始凭证、汇总原始凭证和记账凭证，登记各种明细分类账。

(5) 根据各种记账凭证编制科目汇总表。

(6) 根据科目汇总表登记总分类账。

(7) 期末将日记账、明细账的余额与总分类账核对。

(8) 期末，根据总分类账和明细分类账的记录，编制会计报表。

## 第二节 凭证填制

### 一、原始凭证填制

#### （一）原始凭证的基本内容

企业经营过程中原始凭证种类繁多，格式和内容也多种多样。但为了达到反映经济内容、明确经济责任的目的，各种原始凭证一般都包括以下基本要素：

(1) 原始凭证的名称。用以表明经济业务的种类和凭证的用途。

(2) 原始凭证填制的日期。用以表明经济业务发生或完成的时间。

(3) 原始凭证填制单位的名称或填制人的姓名。

(4) 接受原始凭证的单位名称。用于表明业务的相关单位。

(5) 经济业务的内容、数量、单价及金额。用于描述经济业务本身。

(6) 经办人员的签名或盖章。用于明确相关经济责任。

#### （二）原始凭证的填制要求

原始凭证的种类不同，其填制方法和要求也各不相同，但为了确保会计核算资料的真实、可靠并及时反映经济业务，填制原始凭证时，一般要求：

(1) 填制内容必须真实可靠，正确反映经济业务的实际情况。

(2) 凭证填制必须内容齐全，手续完备。对外开出的原始凭证必须有本单位公章；从外部取得的原始凭证，必须盖有填制单位的公章；从个人取得的原始凭证，必须有填制人员的签名盖章。

(3) 凭证书写格式要规范，文字和数字要填写清楚，不得连笔，不得随意涂改、刮擦、挖补。

## 二、记账凭证填制

### (一) 记账凭证的基本内容

记账凭证是以审核后的原始凭证为依据，按照复式记账原理将经济信息转化为会计信息的凭证。记账凭证是登记账簿的数据来源，具有以下基本内容：

(1) 凭证填制日期。用于反映经济业务发生的会计期间。

(2) 凭证编号。包括凭证的字和号。

(3) 经济业务的内容摘要。简要描述凭证记载的经济业务。

(4) 会计科目、借贷方向和金额。按照复式记账原理编写会计分录。

(5) 所附原始凭证的张数。它是指经济业务涉及的原始凭证的张数。

(6) 制单人员、审核人员、记账人员以及会计主管人员签名或盖章。

### (二) 填制记账凭证的基本要求

会计人员在填制记账凭证时，应遵循以下基本要求：

(1) 根据审核无误的原始凭证填列。

(2) 凭证日期应记录正确的会计期间。

(3) 记账凭证按照填制的先后顺序连续编号。

(4) 摘要简明易懂，科目使用正确。

(5) 经济业务表述清晰，一张记账凭证只能反映一项经济业务或几项同类业务。

(6) 凭证所附附件及附件数量准确完整。

## 三、凭证审核与整理

### (一) 原始凭证的审核

为了确保会计信息真实可靠，必须对原始凭证进行审核。审核的要点包括：

(1) 审核凭证的真实性。主要审核凭证所反映的内容是否符合所发生的实际情况，凭证有无伪造、涂改。

(2) 审核凭证的完整性。主要审核原始凭证各个项目是否填写齐全，文字和数字是否正确、清晰，印章、签名是否齐全，审批手续是否完备。

(3) 审核凭证的合法性。审核凭证记载的内容是否合法合规。

### (二) 记账凭证的审核

为了确保账簿资料记录的正确性，必须对记账凭证进行审核。审核的要点包括：

(1) 审核凭证内容的真实性。主要审核记账凭证所附的原始凭证是否齐全，原始凭证和记账凭证记载的经济业务的内容是否一致。

(2) 审核凭证内容的完整性。主要审核记账凭证各项目是否填写齐全，是否有遗漏。

(3) 审核凭证科目的正确性。主要审核记账凭证科目选择是否反映经济业务实质，是否符合会计准则的要求。

(4) 审核凭证金额的准确性。主要审核记账凭证金额是否与原始凭证一致，是否按照会计准则的要求计量。

## 第三节 登记账簿与期末结账

### 一、账簿的种类

会计账簿按用途分类，可以分为序时账簿、分类账簿和备查账簿。

(1) 序时账簿。序时账簿又称日记账，是按照经济业务发生或完成时间的先后顺序，逐日逐笔连续登记的账簿。根据我国的会计制度规定，企业通常开设现金日记账和银行存款日记账。

(2) 分类账簿。分类账簿是对全部经济业务按照企业开设的账户分类进行登记的账簿。分类账簿按其记载经济业务内容的详细程度可分为：总分类账簿和明细分类账簿。总分类账簿简称总账，是根据总分类账户开设，对经济业务进行总括核算，反映经济业务总体情况的账簿。总分类账一般采用三栏式账页。明细分类账簿简称明细账，是根据总分类账户下设的明细账户开设，记录经济业务明细核算资料的账簿。一般地，债权债务结算科目采用三栏式明细账，财产物资账户采用数量金额式明细账，收入、费用和利润账户采用多栏式明细账。

（3）备查账簿。备查账簿是对日记账和分类账中未记录或记录不全的经济业务进行补充登记，以备后续查看的账簿。备查账簿没有统一格式，一般参照企业的管理要求，直接记录经济业务。

## 二、登记账簿的规则

登记账簿是会计核算中的重要工作，应按照《会计基础工作规范》的规定完成：

（1）登记会计账簿时，应将经过审核的会计凭证中记载的日期、编号、业务内容摘要、金额和其他有关资料逐项记入账内，做到数字准确、摘要清楚、登记及时、字迹工整。

（2）登记完毕后，要在记账凭证上签名或者盖章，并打"√"表明已登账。

（3）账簿中书写的文字和数字一般应占格距高度的二分之一。

（4）登记账簿要用蓝黑墨水或者碳素墨水书写，不得使用圆珠笔（银行的复写账簿除外）或者铅笔书写。以下情况，可以用红色墨水记账：①按照红字冲账的记账凭证，冲销错误记录；②在不设借贷等栏的多栏式账页中，登记减少数；③在三栏式账户的余额栏前，如未印明余额方向的，在余额栏内登记负数余额；④根据国家统一会计制度的规定，可以用红字登记的其他会计记录。

（5）各种账簿按页次顺序连续登记，不得跳行、隔页。如果发生跳行、隔页，应当将空行、空页划线注销，或者注明"此行空白""此页空白"字样，并由记账人员签名或者盖章。

（6）对于凡需要结出余额的账户，结出余额后，应当在"借或贷"等栏内写明"借"或者"贷"等字样。对于没有余额的账户，应当在"借或贷"等栏内写"平"字，并在余额栏内用"0"表示。现金日记账和银行存款日记账必须逐日结出余额。

（7）每一账页登记完毕结转下页时，应当结出本页合计数及余额，写在本页最后一行和下页第一行有关栏内，并在摘要栏内注明"过次页"和"承前页"字样；也可以将本页合计数及金额只写在下页第一行有关栏内，并在摘要栏内注明"承前页"字样。

（8）账簿记录发生错误，不准涂改、挖补、刮擦，必须按照错账更正方法进行更正。

### 三、期末结账

结账就是在会计期末计算账户的本期发生额和期末余额,并将期末余额结转下期。通常于月末、季末、年末进行结账工作。结账之前,必须将归属于当期发生的所有经济业务和需要进行账项调整的收入费用等全部登记入账。结账工作内容包括:(1)将当期损益类账户的余额转入本年利润账户,以便计算当期利润;(2)计算出资产、负债和所有者权益账户的本期发生额和期末余额,并结转下期。

月末结账时,在各最后一笔经济业务记录的下面通栏划单红线,并在下一行的摘要栏中填上"本月合计",结出当月发生额及余额,并在"本月合计"行的下面再通栏划单红线。对于不需按月结算本期发生额的账户,只在最后一笔业务行的下面通栏划单红线即可。年末结账时,在12月的"本月合计"行的下一行的摘要栏中填写"本年合计",结出本年发生额及余额,在"本年合计"行的下面通栏划双红线。针对年末有余额的账户,还需要在"本年合计"行的下一行摘要栏中填写"结转下年",将年末余额结转至下年。如图6-1所示。

| 2016年 | | 凭证 | | 摘要 | 借方 | 贷方 | 借或贷 | 余额 |
|---|---|---|---|---|---|---|---|---|
| 月 | 日 | 字 | 号 | | | | | |
| 10 | 1 | | | 上月结存 | | | 借 | 500000 |
| 10 | 4 | 付 | 1 | 购买B钢材 | 300000 | | 借 | 800000 |
| 10 | 9 | 转 | 1 | 结转B钢材 | | 250000 | 借 | 550000 |
| 10 | 16 | 转 | 3 | 购买A钢材 | 310000 | | 借 | 860000 |
| 10 | 31 | | | 本月合计 | 610000 | 250000 | 借 | 860000 |
| 11 | 1 | | | 上月结存 | | | 借 | 860000 |
| 11 | 9 | 付 | 3 | 购买A钢材 | 100000 | | 借 | 960000 |
| 11 | 26 | 转 | 3 | 结转A钢材 | | 260000 | 借 | 700000 |
| 11 | 30 | | | 本月合计 | 100000 | 260000 | 借 | 700000 |
| 12 | 1 | | | 上月结存 | | | 借 | 700000 |
| 12 | 4 | 付 | 7 | 购买B钢材 | 200000 | | 借 | 900000 |
| 12 | 9 | 转 | 21 | 结转B钢材 | | 200000 | 借 | 700000 |
| 12 | 31 | | | 本月合计 | 200000 | 200000 | 借 | 700000 |
| 12 | 31 | | | 本季合计 | 910000 | 810000 | 借 | 700000 |
| 12 | 31 | | | 本年合计 | 1200000 | 1000000 | 借 | 700000 |
| | | | | 年初余额 | 500000 | | | |
| | | | | 结转下年 | | 700000 | | |
| | | | | 合　计 | 1700000 | 1700000 | | |
| | | | | 过次页 | | | | |

总账　科目:在途物资

图6-1 期末结账示例

## 第四节 编制报表

### 一、会计报表的内容

会计报表是指反映企业某一特定日期财务状况和某一会计期间经营成果、现金流量的文件，是企业财务会计报告的主要部分，是企业提供会计信息的一种重要渠道。企业对外报送的报表包括：①反映企业在某一特定日期财务状况的报表，如资产负债表；②反映企业某一会计期间经营成果的报表，如利润表；③反映企业某一会计期间现金流量的报表，如现金流量表；④反映所有者权益变动情况的报表，如所有者权益变动表。

### 二、资产负债表的编制方法

资产负债表根据会计恒等式"资产＝负债＋所有者权益"编制，资产类项目排列在表的左方，负债和所有者权益类项目排列在表的右方，左右双方总计金额相等。

资产负债表的各项目均包括"年初余额"和"期末余额"两栏数字。其中，"年初余额"栏通常根据上年末资产负债表"期末余额"栏相应项目的数字填列。如果资产负债表的各个项目与上年度不相一致，那么需要对上年年末资产负债表各个项目的名称和数字按照本年度的规定进行调整。"期末余额"栏各项目的具体填列方法为：①根据总账账户期末余额直接填列，资产负债表中大部分项目都采用这种方式填列，包括"交易性金融资产""应收票据""固定资产清理""工程物资""递延所得税资产""短期借款""交易性金融负债""应付票据""应付职工薪酬""应交税费""递延所得税负债""预计负债""实收资本""资本公积""盈余公积"等项目；②根据总账账户期末余额计算填列，"货币资金""未分配利润""存货""固定资产""无形资产""在建工程""长期股权投资""持有至到期投资""长期待摊费用""长期借款""应付债券"等项目采用此方式填列；③根据明细账户期末余额计算填列，"应收账款""预付款项""应付账款""预收款项"等项目采用此方式填列。

### 三、利润表的编制方法

利润表是反映企业在一定会计期间的经营成果的会计报表。利润表的各项目均包括"本月数"和"本年累计数"两栏数字,"本月数"栏反映各项目的本月实际发生数,"本年累计数"栏反映各项目从年初到报告期末的累计实际发生数。

"本月数"根据收益类和费用类等账户的本期发生额填列,或结账前的余额填列。其中,"营业收入"根据"主营业务收入"和"其他业务收入"账户的发生额分析填列;"营业成本"根据"主营业务成本"和"其他业务成本"账户的发生额分析填列;"主营业务税金及附加"项目根据"主营业务税金及附加"账户的发生额分析填列;"销售费用"项目根据"销售费用"账户的发生额分析填列;"管理费用"项目根据"管理费用"账户的发生额分析填列;"财务费用"项目根据"财务费用"账户的发生额分析填列;"资产减值损失"项目根据"资产减值损失"账户的发生额分析填列;"投资收益"项目根据"投资收益"账户的发生额分析填列;"营业外收入"项目根据"营业外收入"账户的发生额分析填列;"营业外支出"项目根据"营业外支出"账户的发生额分析填列;"所得税费用"项目根据"所得税费用"科目的发生额分析填列。"营业利润""利润总额""净利润"项目根据利润形成过程进行计算填列。各项目"本年累计数"根据本月数与上期累计数合计填列。

# 第七章 财务分析

财务报表包括资产负债表、利润表、现金流量表等,反映企业经营状况及现金流量状况。对财务报表进行分析,已成为管理者进行科学决策的有效途径。

## 第一节 财务分析概述

### 一、财务分析的内涵

美国纽约市立大学利奥波德·伯恩斯坦(Leopold A. Bernstein)认为财务分析是一种判断过程,主要用于评估企业现在或过去的财务状况及经营成果。周晋兰等人定义财务分析为一定的财务分析主体以企业的财务报告等财务资料为依据,采用一定的标准,运用科学系统的方法,对企业的财务状况、经营成果、现金流量、财务信用和财务风险,以及财务总体情况和未来发展趋势进行分析和评价。

本书中的财务分析被定义为以财务信息和非财务信息为依据,采用一系列专门分析技术与方法,对企业等经济组织过去和现在有关筹资、投资、经营、利润分配活动、营运能力、偿债能力和增长能力等情况进行分析,为信息使用者提供决策依据。

### 二、财务分析的作用

财务分析的目的是评价过去的经营业绩,衡量现在的财务状况,预测未来的发展趋势。财务分析对企业科学化管理起着重要作用。

(1)财务分析是评价财务状况及经营业绩的重要依据。通过财务分析,可以了解企业偿债能力、营运能力、盈利能力和现金流量状况,合理评价经营者的经营业绩，以奖优罚劣，促进管理水平的提高。

（2）财务分析是实现理财目标的重要手段。企业价值最大化是企业理财的根本目标。通过财务分析，不断挖掘潜力，从各方面揭露矛盾，找出差距，充分认识未被利用的人力、物力资源，寻找利用不当的原因，促进企业经营活动按照企业价值最大化目标运行。

（3）财务分析是实施正确投资决策的重要步骤。投资者通过分析资产负债表，了解公司债务能力、资本结构及流动资金的充足性；通过对利润表的分析，了解公司的盈利能力、经营效率及公司在行业中的竞争地位与持续发展能力；通过分析现金流量表，可以了解和评价公司获取现金和现金等价物的能力，并预测公司未来现金流量。

## 第二节  财务指标分析

财务指标分析是以财务报表等资料为基础分析用于总结企业财务状况与评价经营成果的指标，如偿债能力指标、营运能力指标、盈利能力指标和发展能力指标。

### 一、偿债能力分析

偿债能力是指企业偿还到期债务本金及利息的能力，包括短期偿债能力和长期偿债能力分析。

#### （一）短期偿债能力分析

短期偿债能力是指企业以流动资产偿还流动负债的能力，衡量企业当前财务能力，也反映企业偿付日常到期债务的能力。企业短期偿债能力分析主要采用比率分析法。衡量指标主要有流动比率、速动比率和现金流动负债率。

1. 流动比率

流动比率是流动资产与流动负债的比率，企业每元流动负债有多少流动资产作为偿还的保证，反映了企业的流动资产偿还流动负债的能力。其计算公式为：

流动比率＝流动资产÷流动负债

一般情况下，流动比率越高，企业拥有的能用于抵偿短期债务的营运资金就越多。企业可以变现的资产数额越大，债权人的风险越小。流动比率过高或过低都不是好事。从理论上讲，流动比率维持在 2∶1 是比较合理的。行业性质不同，其流动比率标准也不同。

2. 速动比率

速动比率也称酸性测试比率，是企业速动资产与流动负债的比率。

其计算公式为：

速动比率＝速动资产÷流动负债

速动资产＝流动资产-存货

或：速动资产＝流动资产-存货-预付账款-待摊费用

由于存货在流动资产中变现速度相对较慢，预付账款和待摊费用会减少企业未来现金流出量，也不具有变现能力，且它们在流动资产中所占的比重较小，因此计算速动资产时也可以不扣除。

速动比率维持在 1∶1 较为正常，它表明企业的每 1 元流动负债就有 1 元易于变现的流动资产来抵偿，短期偿债能力有可靠的保证。速动比率过低，企业的短期偿债风险较大；速动比率过高，企业在速动资产上占用资金过多，会增加企业投资的机会成本。在实际运用中，以上判断标准因企业实际情况而定。

3. 现金流动负债比率

现金流动负债比率是企业一定时期的经营现金净流量与流动负债的比率，从现金流量角度来反映企业当期偿付短期负债的能力。其计算公式为：

现金流动负债比率＝年经营现金净流量÷年末流动负债

该指标越大，表明企业经营活动产生的现金净流量越多，但是，现金流动负债比率过大也反映企业流动资金利用不充分，收益能力不强。

## （二）长期偿债能力分析

长期偿债能力是指企业偿还长期负债的能力，反映企业财务状况稳定与否及安全程度高低的重要标志，其具体指标包括资产负债率、产权比率、负债与有形净资产比率和利息保障倍数。

1. 资产负债率

资产负债率又称负债比率，是企业的负债总额与资产总额的比率。它表示企业资产总额中债权人提供资金所占的比重，以及企业资产对债权人权益的保障程度。其计算公式为：

资产负债率=（负债总额÷资产总额）×100%

负债总额是指公司承担的各项负债的总和，包括流动负债和长期负债。资产总额是指公司拥有的各项资产的总和，包括流动资产和长期资产。资产负债率是衡量企业负债水平及风险程序的重要标准，揭示企业的全部资源中由债权人提供所占的比重。从债权人的角度，资产负债率越低越好；对投资人或股东而言，较高的资产负债率可能会带来财务杠杆、利息税前扣除及以较少的资本投入获得企业的控制权等收益。经营者重点关注能否充分利用借入的资金让公司获得利润，尽可能降低财务风险。一般情况下，资产负债率的适宜水平是40%~60%。

2. 产权比率

产权比率，也称资本负债率，是负债总额与所有者权益总额的比率，反映企业的财务结构是否稳健。其计算公式为：

负债与所有者权益比率=（负债总额÷所有者权益总额）×100%

产权比率可反映股东所持股权是否过多（或者是否不够充分）等情况，从另一个侧面表明企业借款经营的程度。这一比率是衡量企业长期偿债能力的指标之一。产权比率越低表明企业自有资本占总资产的比重越大，其资产结构越合理，长期偿债能力越强，债权人权益保障程度越高，承担的风险越小。一般地，产权比率为1∶1比较合理。这一比值不是绝对的，当企业资产收益率大于负债成本率时，借入的资金能带来较高的收益和额外的利润。

3. 负债与有形净资产比率

负债与有形净资产比率是负债总额与有形净资产之比，反映企业有形净资产对债权人权益的保障程度，也是衡量企业长期偿债能力的指标之一。其计算公式为：

负债与有形净资产比率=（负债总额÷有形净资产）×100%

有形净资产=所有者权益-无形资产-递延资产

企业的无形资产、递延资产等一般难以作为偿债的保证。从净资产中将其剔除，可以更合理地衡量企业清算时对债权人权益的保障程度。该比率越低，表明企业长期偿债能力越强。

4. 利息保障倍数

利息保障倍数又称为已获利息倍数，是企业息税前利润与利息费用的比率，是衡量企业偿付负债利息能力的指标。其计算公式为：

利息保障倍数＝息税前利润÷利息费用

利息费用是指本期发生的全部应付利息，包括流动负债的利息费用、长期负债中进入损益的利息费用以及进入固定资产原价的资本化利息。利息保障倍数越高，说明企业支付利息费用的能力越强；该比率越低，说明企业用经营所得及时、足额支付负债利息的能力就越弱。

企业的利息保障倍数的确定需要结合同行业的平均水平。一般情况下，利息保障倍数不能低于1。

## 二、营运能力分析

营运能力分析是指通过计算企业资金周转率等相关指标分析企业利用资产的效率，反映企业管理层管理水平和资产利用能力，具体包括应收款项周转率、存货周转率、总资产周转率、固定资产周转率。

1. 应收账款周转率

应收账款周转率是一定时期内商品主营业务收入净额与平均应收款项余额的比值，也叫应收账款周转次数，是反映企业应收款项周转速度的一项指标。

应收账款周转率（次数）＝主营业务收入净额÷平均应收账款余额

其中：

主营业务收入净额＝主营业务收入－销售折让与折扣

平均应收账款余额＝（应收账款年初数＋应收账款年末数）÷2

应收款项周转天数＝360÷应收账款周转率

　　　　　　　　＝（平均应收账款×360）÷主营业务收入净额

应收账款包括"应收账款净额"和"应收票据"等全部赊销账款，已向银行办理了贴现手续的应收票据除外。一般情况下，应收账款周转率越高，资产流动性较强，应收账款变现速度就越快，收账费用和坏账损失就越少，进而企业收益就会提高。对应收账款周转率的评价还需要结合同行业平均水平。

2. 存货周转率

存货周转率是企业一定时期内的主营业务成本与存货平均余额的比率，反映企业存货周转速度和销货能力的一项指标，衡量企业生产经营中存货营运效率的一项综合性指标。其计算公式为：

存货周转率（次数）= 主营业务成本÷存货平均余额

存货平均余额 =（存货年初数+存货年末数）÷2

存货周转天数 = 360÷存货周转率

=（平均存货×360）÷主营业务成本

存货周转率越高，表明存货周转速度越快，存货占用水平越低，流动性也越强；反之，存货周转速度越慢，存货储存过多，占用资金多，则积压现象严重，企业的变现能力以及资金使用效率越低。

3. 总资产周转率

总资产周转率反映企业全部资产的利用效率，是企业主营业务收入净额与资产总额之比。

其计算公式为：

总资产周转率 = 主营业务收入净额÷平均资产总额

平均资产总额 =（期初资产总额+期末资产总额）÷2

平均资产总额应当与分子的主营业务收入净额在时间上保持一致。企业的总资产周转率越高，说明全部资产使用和经营的效率越高；反之，则说明全部资产的经营效率越低，取得的收入较少。

4. 固定资产周转率

固定资产周转率也称固定资产利用率，是企业销售收入与固定资产净值的比率，反映企业固定资产周转情况、固定资产被利用状况的指标。其计算公式为：

固定资产周转率 = 主营业务收入净额÷固定资产平均净值

固定资产平均净值 =（期初固定资产净值+期末固定资产净值）÷2

固定资产周转率越高，企业利用固定资产投资越得当，固定资产结构越合理；反之，固定资产周转率低，表明固定资产使用效率不高，提供的生产成果不多，企业的营运能力欠佳。在实际分析该指标时，应剔除某些因素的影响。一方面，固定资产的净值随着折旧计提而逐渐减少，但因固定资产更新，净值会突然增加；另一方面，由于折旧方法不同，固定资产净值缺乏可比性。

### 三、盈利能力分析

盈利能力是企业赚取利润的能力，包括一般分析和社会贡献能力分析两方面。

1. 一般分析

企业盈利能力一般分析是指分析销售利润率、成本利润率、自由资金率、资产利润率和资本保值增值率等指标，反映企业各要素的盈利能力及资本保值增值情况。

（1）主营业务毛利率。

主营业务毛利率是销售毛利与主营业务收入净额之比。其计算公式为：

主营业务毛利率＝销售毛利÷主营业务收入净额×100%

其中：

销售毛利＝主营业务收入净额－主营业务成本

该指标反映商品销售初始获利能力。该值越高，则销售利润越高，获利能力越强。

（2）主营业务利润率。

主营业务利润率是企业的利润与主营业务收入净额的比率。其计算公式为：

主营业务利润率＝利润÷主营业务收入净额×100%

主营业务利润率指标反映了每元主营业务收入净额给企业带来的利润。该值越大，说明企业经营活动的盈利水平较高。

（3）资产净利率。

资产净利率反映企业资产综合利用的效果，是企业净利润与平均资产总额的比率。其计算公式为：

资产净利率＝净利润÷平均资产总额

平均资产总额为期初资产总额与期末资产总额的平均数。资产净利率越高，表明企业资产利用的效率越高，整个企业盈利能力越强，经营管理水平越高。

(4) 净资产收益率。

净资产收益率,亦称净值报酬率或权益报酬率,是指企业一定时期内的净利润与平均净资产的比率。它是反映企业资本经营效率和资本营运的总和效益的核心指标。一般情况下,企业净资产收益率越高,企业自有资本获取收益能力越强,运营效益越好,对企业投资人和债权人的保障程度越高。其计算公式为:

净资产收益率=净利润÷平均净资产×100%

平均净资产=(所有者权益年初数+所有者权益年末数)÷2

(5) 资本保值增值率。

资本保值增值率是可用于评价企业财务效益状况的辅助指标,是企业期末所有者权益总额与期初所有者权益总额的比率。该指标越高,企业资本保全状态越快,所有者权益增长越快,债权人的债务越有保障。一般情况下,资本保值增值率大于1,表明所有者权益增加,企业增值能力较强。实际分析时,应考虑企业利润分配情况及通货膨胀因素对其的影响。其计算公式为:

资本保值增值率=期末所有者权益总额÷期初所有者权益总额

2. 社会贡献能力分析

在现代经济社会,企业对社会贡献的主要评价指标有两个:

(1) 社会贡献率。

社会贡献率是企业社会贡献总额与平均资产总额的比值。它反映了企业占用社会经济资源所产生的社会经济效益大小,是社会进行资源有效配置的基本依据。其计算公式为:

社会贡献率 =企业社会贡献总额÷平均资产总额

社会贡献总额包括:工资(含奖金、津贴等工资性收入)、劳保退休统筹及其他社会福利支出、利息支出净额、应交或已交的各项税款、附加及福利等。

(2) 社会积累率。

社会积累率是企业上交的各项财政收入与企业社会贡献总额的比值。其计算公式为:

社会积累率=上交国家财政总额÷企业社会贡献总额

上交的财政收入总额包括企业依法向财政交纳的各项税款,如增值税、所得税、产品销售税金及附加、其他税款等。

## 四、发展能力分析

发展能力是企业通过自身的生产经营活动,不断扩大积累而形成的发展潜能。其主要指标有销售增长率、资本积累率、总资产增长率、固定资产成新率、股利增长率。

1. 销售(营业)增长率

销售(营业)增长率是指企业本年销售(营业)收入增长额同上年销售(营业)收入总额的比率。企业销售收入主要指企业主营业务收入。将本年的收入与上年相比,可反映企业成长状态和发展能力。

销售增长率=本年销售增长额÷上年销售总额

=(本年销售额−上年销售额)÷上年销售总额

若该指标大于零,则企业本年的销售(营业)收入有所增长,指标值越高,表明增长速度越快,企业市场前景越好;若该指标小于零,则说明产品不适销对路、质次价高,或是在售后服务等方面存在问题,产品销售不出去,市场份额萎缩。在实际运用该指标时,应结合企业历年的销售(营业)水平、企业市场占有情况、行业未来发展及其他影响企业发展的潜在因素进行前瞻性预测,或者结合企业前三年的销售(营业)收入增长率做出趋势性分析判断。

2. 资本积累率

资本积累率是指企业本年所有者权益增长额同年初所有者权益的比率,反映企业当年资本的积累能力,是评价企业发展潜力的重要指标。其计算公式为:

资本积累率=当年所有者权益增长额÷年初的所有者权益×100%

资本积累率反映了企业所有者权益当年的变动水平与企业资本的积累情况,是企业发展强盛的标志。资本积累率反映了投资者投入企业资本的保全性和增长性,其值越高,企业的资本积累越多,企业资本的保全性越强,持续发展的能力越高。若该指标为负值,表明企业资本受到侵蚀,所有者利益受到损害,应予以充分重视。

3. 总资产增长率

总资产增长率是企业本年总资产增长额同年初资产总额的比率。它可以衡量企业本期资产规模的增长情况,评价企业经营规模总量上的扩张程度。该指标越

高,表明企业一个经营周期内资产经营规模扩张的速度越快。其计算公式为:

总资产增长率=本年总资产增长额/年初资产总额×100%

在实际运用该指标时,应注意资产规模扩张的质与量的关系,以及企业的后续发展能力,避免资产盲目扩张。

4. 固定资产成新率

固定资产成新率是企业当期平均固定资产净值同平均固定资产原值的比率。该比率能反映企业固定资产的新旧程度、更新快慢程度及持续发展能力。

其计算公式为:

固定资产成新率=(平均固定资产净值÷平均固定资产原值)×100%

平均固定资产净值是指企业固定资产净值的年初数同年末数的平均值。平均固定资产原值是指企业固定资产原值的年初数与年末数的平均值。运用该指标分析固定资产新旧程度时,应剔除企业应提却未提的折旧对房屋、机器设备等固定资产真实状况的影响。

5. 股利增长率

股利增长率就是本年度股利较上一年度股利增长的比率。

股利增长率=(本年每股股利增长额÷上一年的每股股利)×100%

一般情况下,股利增长率越高,企业股票的价值越高。

除了以上指标外还有三年利润平均增长率、三年资本平均增长率等指标用于反映企业发展能力。

## 第三节 杜邦分析法

杜邦分析法是由美国杜邦公司创造并最先采用的一种综合分析方法。它根据各财务指标之间的数学关系,来分析公司权益收益率(净资产收益率)变化的原因。杜邦分析表采用金字塔形结构,简洁明了地表达了各财务指标的勾稽关系。将效益与效率有机结合,将单个、分散的财务指标贯穿为一个整体。

利用各种财务指标之间相互依存、相互联系的内在关系,从权益利润率这一核心指标出发,通过对影响这些指标的各种因素进行分析,达到对公司总体财务状况和经营成果进行评价的目的。

```
                          ┌──────────┐
                          │ 资产收益率 │
                          └────┬─────┘
                    ┌──────────┴──────────┐
              ┌──────────┐              ┌────────┐
              │总资产净利率│      ×       │ 权益乘数 │
              └─────┬────┘              └────────┘
           ┌────────┴────────┐
     ┌──────────┐        ┌────────────┐
     │ 销售净利率 │   ×    │ 总资产周转率 │
     └─────┬────┘        └──────┬─────┘
       ┌───┴───┐            ┌───┴───┐
  ┌──────┐ ┌──────┐    ┌──────┐ ┌──────┐
  │ 净利润│÷│销售收入│   │销售收入│÷│资产总额│
  └──────┘ └──────┘    └──────┘ └──────┘
```

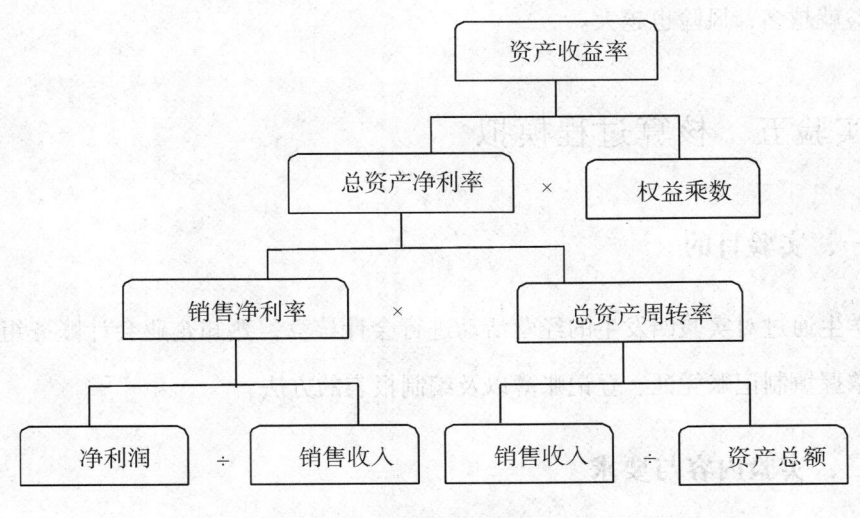

图 7-1　杜邦分析图

杜邦分析图中，包含以下几种主要指标关系（如图 7-1 所示）。

净资产收益率也称股东权益报酬率，是综合性极强、最具代表性的财务比率，是杜邦分析的核心。该指标反映股东投入资金的获利能力，反映企业筹资、投资、资产运营等活动的效率。

净资产收益率＝资产净利率×权益乘数

净资产收益率＝净利润/净资产

　　　　　　＝（净利润/资产总额）×（资产总额/净资产）

总资产净利率＝净利润/资产总额

权益乘数＝资产总额/净资产

总资产净利率＝（净利润/销售收入）×（销售收入/资产总额）

　　　　　　＝销售净利率×总资产周转率

权益乘数＝资产总额/股东权益＝1/股东权益比率＝1/（1-资产负债率）

销售净利率主要受销售收入和销售成本的影响。另外，所得税率、其他利润也是影响因素。一般地，单位销售成本越低，销售净利率越高，所得税率与销售净利率呈负相关。资产周转率是反映利用资产产生销售收入的能力指标。在对资产周转率进行分析时，通常考虑流动资产周转率、存货周转率、应收账款周转率等有关各资产组成部分的使用效率，以判断影响资产周转的原因所在。权益乘数主要受资产负债率的影响。负债比例越大，权益乘数越高，反映公司能获得的杠杆利益就越多，风险也越大。

## 实验五　核算过程模拟

### 一、实验目的

学生通过对实验四发生的经营活动进行会计核算，熟知企业会计账务组织程序，掌握填制记账凭证、登记账簿以及编制报表的方法。

### 二、实验内容与要求

（1）了解企业的财务制度，选择与使用会计政策。

①适用的会计准则：

②材料成本计算方法：

③材料及低值易耗品发出计价方法：

④产品成本计算方法：

⑤固定资产折旧方法：

⑥所得税核算方法：

⑦ 薪酬计提和支付方法：



⑧适用的账务处理程序：



（2）请财务经理进行会计岗位分岗，如图7-2所示。

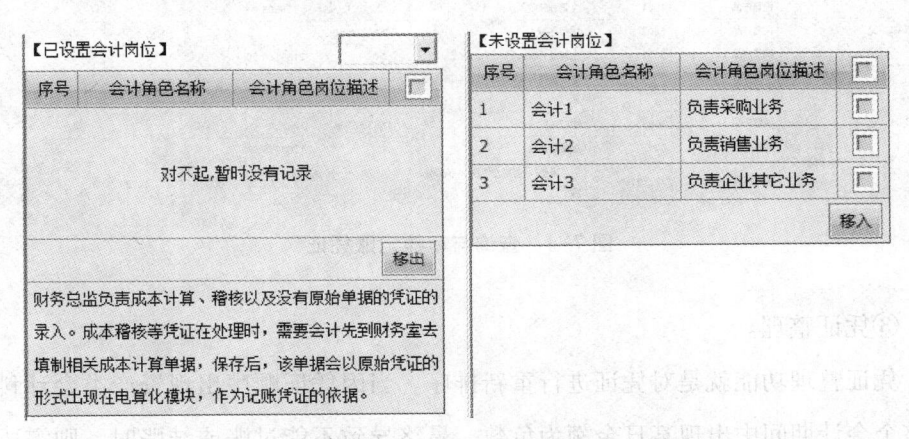

【已设置会计岗位】

| 序号 | 会计角色名称 | 会计角色岗位描述 | |
|---|---|---|---|

对不起，暂时没有记录

移出

财务总监负责成本计算、稽核以及没有原始单据的凭证的录入。成本稽核等凭证在处理时，需要会计先到财务室去填制相关成本计算单据，保存后，该单据会以原始凭证的形式出现在电算化模块，作为记账凭证的依据。

【未设置会计岗位】

| 序号 | 会计角色名称 | 会计角色岗位描述 | |
|---|---|---|---|
| 1 | 会计1 | 负责采购业务 | |
| 2 | 会计2 | 负责销售业务 | |
| 3 | 会计3 | 负责企业其它业务 | |

移入

图7-2　设置会计岗位

（3）完成经济业务的会计核算。

①录入凭证。

在录入凭证之前，请先到财务部索取发票等单据。如图7-3所示。

选择经济业务　录入记账凭证
【经济业务】
查询条件：　　　　　　　　日期时间 2015-04-01 至 2015-04-30　查询

| 经济业务 | 业务起始日期 | 本期业务日期 | 单据数 | 未用 | 已用 | 操作 |
|---|---|---|---|---|---|---|
| 租赁固定资产 | 2015-01-01 | 2015-04-01 | 5 | 2 | 3 | 录入记账凭证 |
| 合同签订 | 2015-02-22 | 2015-04-06 | 4 | 1 | 3 | 录入记账凭证 |
| 合同签订 | 2015-03-16 | 2015-04-15 | 3 | 0 | 3 | 录入记账凭证 |
| 合同签订 | 2015-03-16 | 2015-04-15 | 3 | 0 | 3 | 录入记账凭证 |
| 合同签订 | 2015-03-16 | 2015-04-15 | 3 | 0 | 3 | 录入记账凭证 |
| 合同签订 | 2015-03-16 | 2015-04-15 | 3 | 0 | 3 | 录入记账凭证 |
| 资产退租 | 2015-04-01 | 2015-04-01 | 2 | 2 | 0 | 录入记账凭证 |

图7-3　录入记账凭证

②记账凭证查询与审核。

通过凭证查询功能可以查看已录入的记账凭证，双击会计分录或点击查看按钮可进一步查看凭证的明细内容。财务经理在查看凭证的基础上，完成凭证审核。如图 7-4 所示。

【会计分录序时簿】

查询条件： 会计科目 ☑所有科目 日期时间 2015-03-01 至 2015-03-31 凭证号 至 查询

| 日期 | 凭证字号 | 附件数 | 摘要 | 科目代码 | 科目名称 | 借方金额 | 贷方金额 | 数量 | 单价 | 操作 | 审核 | 过账 |
|---|---|---|---|---|---|---|---|---|---|---|---|---|
| 2015-03-01 | 记 -2 | 2 | 销售产品 | 1002 | 银行存款 | 2209998.96 | | | | 查看 | √ | √ |
| | | | 销售产品 | 6001 | 主营业务收入 | | 1888888.00 | | | | √ | √ |
| | | | 应交税费 | 22210106 | 应交税费 －应交增值税 －销项税额 | | 321110.96 | 800.00 | 401.3887 | | √ | √ |
| 2015-03-01 | 记 -3 | 1 | 销售产品 | 1002 | 银行存款 | 418803.84 | | | | 查看 | √ | √ |
| | | | 销售产品 | 6001 | 主营业务收入 | | 418803.84 | | | | √ | √ |
| 2015-03-01 | 记 -4 | 3 | 销售产品 | 1002 | 银行存款 | 2554320.60 | | | | 查看 | √ | √ |
| | | | 销售产品 | 6001 | 主营业务收入 | | 2183180.00 | | | | √ | √ |
| | | | 应交税费 | 22210106 | 应交税费 －应交增值税 －销项税额 | | 371140.60 | 1000.00 | 371.1406 | | √ | √ |
| 2015-03-01 | 记 -6 | 3 | 销售产品 | 1002 | 银行存款 | 1532592.36 | | | | 查看 | √ | √ |
| | | | 销售产品 | 6001 | 主营业务收入 | | 1309908.00 | | | | √ | √ |
| | | | 应交税费 | 22210106 | 应交税费 －应交增值税 －销项税额 | | 222684.36 | 600.00 | 371.1073 | | √ | √ |

**图 7-4 查询与审核记账凭证**

③凭证整理。

凭证整理功能就是对凭证进行重新排序。当因凭证顺序出现资产类会计科目在整个会计期间中出现某日余额为负数，最终导致不能过账或结账时，则需要使用凭证整理功能。如图 7-5 所示。

| 序号 | 日期 | 凭证字号 | 附件数 | 摘要 | 借方金额 | 贷方金额 | 操作 |
|---|---|---|---|---|---|---|---|
| 1 | 2015-03-01 | 记 -1 | 5 | 购买原材料 | 923339.94 | 923339.94 | 查看 \| 调整为末号凭证 |
| 2 | 2015-03-01 | 记 -2 | 1 | 生产产品 | 1067588.48 | 1067588.48 | 查看 \| 调整为末号凭证 |
| 3 | 2015-03-01 | 记 -3 | 5 | 购买原材料 | 771537.30 | 771537.30 | 查看 \| 调整为末号凭证 |
| 4 | 2015-03-01 | 记 -4 | 1 | 生产产品 | 2665231.00 | 2665231.00 | 查看 \| 调整为末号凭证 |
| 5 | 2015-03-01 | 记 -5 | 1 | 2月份销售电暖气 | 182380.54 | 182380.54 | 查看 \| 调整为末号凭证 |
| 6 | 2015-03-01 | 记 -6 | 1 | 2月份销售电暖气 | 917694.41 | 917694.41 | 查看 \| 调整为末号凭证 |
| 7 | 2015-03-01 | 记 -7 | 1 | 贷款银行利息回单 | 11666.67 | 11666.67 | 查看 \| 调整为末号凭证 |
| 8 | 2015-03-01 | 记 -8 | 1 | 贷款银行利息回单 | 17500.00 | 17500.00 | 查看 \| 调整为末号凭证 |
| 9 | 2015-03-01 | 记 -9 | 2 | 餐饮收入 | 50000.00 | 50000.00 | 查看 \| 调整为末号凭证 |
| 10 | 2015-03-01 | 记 -10 | 2 | 餐饮支出 | 21600.00 | 21600.00 | 查看 \| 调整为末号凭证 |
| 11 | 2015-03-01 | 记 -11 | 1 | 2月份销售电暖气 | 938234.93 | 938234.93 | 查看 \| 调整为末号凭证 |
| 12 | 2015-03-01 | 记 -12 | 5 | 购买原材料 | 1421869.56 | 1421869.56 | 查看 \| 调整为末号凭证 |
| 13 | 2015-03-01 | 记 -13 | 5 | 购买原材料 | 655253.00 | 655253.00 | 查看 \| 调整为末号凭证 |
| 14 | 2015-03-01 | 记 -14 | 1 | 生产产品 | 2650562.00 | 2650562.00 | 查看 \| 调整为末号凭证 |

**图 7-5 整理记账凭证**

④凭证过账。

过账工作可一次完成也可分次完成。过账前，请先检查是否已经对需要过账的凭证完成审核。当期存在未审核凭证或凭证号重复不连续及资产类科目余额为负数时，过账将提示出现错误。如图7-6所示。

| 序号 | 年份 | 月份 | 过账 |
|---|---|---|---|
| 1 | 2015 | 1 | 当月已结账 |
| 2 | 2015 | 2 | 当月已结账 |
| 3 | 2015 | 3 | 过账 |
| 4 | 2015 | 4 | 过账 |

图7-6 记账凭证过账

过账后，可查看总账、明细账记录。如图7-7所示。

| 科目代码 | 科目名称 | 年 | 月 | 日 | 凭证字号 | 摘要 | 借方 | 贷方 |  | 余额 |
|---|---|---|---|---|---|---|---|---|---|---|
| 1001 | 库存现金 | 2015 | 3 | 1 |  | 期初余额 | 0.00 | 0.00 | 借 | 7226.32 |
|  |  | 2015 | 3 | 31 | 汇 | 本期合计 | 50000.00 | 51919.30 | 借 | 5307.02 |
|  |  | 2015 | 3 | 31 |  | 本年累计 | 200000.00 | 194692.98 | 借 | 5307.02 |
| 1002 | 银行存款 | 2015 | 3 | 1 |  | 期初余额 | 0.00 | 0.00 | 借 | 1821583.99 |
|  |  | 2015 | 3 | 31 | 汇 | 本期合计 | 15950334.92 | 11930127.62 | 借 | 5841791.29 |
|  |  | 2015 | 3 | 31 |  | 本年累计 | 46820268.85 | 40978477.56 | 借 | 5841791.29 |
| 1012 | 其他货币资金 | 2015 | 3 | 1 |  | 期初余额 | 0.00 | 0.00 | 借 | 0.00 |
|  |  | 2015 | 3 | 31 | 汇 | 本期合计 | 0.00 | 0.00 | 借 | 0.00 |
|  |  | 2015 | 3 | 31 |  | 本年累计 | 0.00 | 0.00 | 借 | 0.00 |
| 1101 | 交易性金融资产 | 2015 | 3 | 1 |  | 期初余额 | 0.00 | 0.00 | 借 | 0.00 |
|  |  | 2015 | 3 | 31 | 汇 | 本期合计 | 0.00 | 0.00 | 借 | 0.00 |
|  |  | 2015 | 3 | 31 |  | 本年累计 | 0.00 | 0.00 | 借 | 0.00 |

图7-7 查看总账

⑤结账损益。

由系统根据已过账的凭证中的损益类科目余额生成结转损益的记账凭证，无需额外填制结转损益相关凭证。结转损益的记账凭证也需财务经理审核，并过账。如图7-8所示。

| 序号 | 年份 | 月份 | 过账 | 结转损益 |
|---|---|---|---|---|
| 1 | 2015 | 1 | 已过账 | 当月已结账 |
| 2 | 2015 | 2 | 已过账 | 当月已结账 |
| 3 | 2015 | 3 | 已过账 | 结转损益 |
| 4 | 2015 | 4 | 未过账 | 当月未过账 |

图7-8 结转损益

⑥生成报表。

系统根据会计准则要求,将当期账务记录生成报表。如图7-9所示。

| 序号 | 年份 | 月份 | 过账 | 结转损益 | 期末结账 | 操作 |
|---|---|---|---|---|---|---|
| 1 | 2015 | 1 | 已过账 | 已结转损益 | 已期末结账 | 生成报表 \| 查看报表 |
| 2 | 2015 | 2 | 已过账 | 已结转损益 | 已期末结账 | 生成报表 \| 查看报表 |
| 3 | 2015 | 3 | 已过账 | 未结转损益 | 未期末结账 | 生成报表 \| 查看报表 |
| 4 | 2015 | 4 | 未过账 | 未结转损益 | 未期末结账 | 生成报表 \| 查看报表 |

图 7-9　生成报表

4. 财务分析

①财务指标。

系统根据已生成报表自动计算当期财务指标。如图7-10所示。

### 2015-03-31　财务指标

| 一.短期偿债能力指标 | |
|---|---|
| 1.流动比率 | 2.5013 |
| 2.速动比率 | 1.8005 |
| 二.长期偿债能力指标 | |
| 1.资产负债率 | 0.3732 |
| 2.权益乘数 | 1.4898 |
| 三.营运能力指标 | |
| 1.应收账款周转天数 | 15.0391 |
| 2.存货周转天数 | 18.8424 |
| 3.资产周转天数 | 50.4384 |
| 四.盈利能力比率 | |
| 1.销售净利率 | 0.1993 |
| 2.资产净利率 | 0.3516 |
| 3.权益净利率 | 0.5239 |

图 7-10　查看财务指标

②杜邦分析图。

系统根据已生成的财务报表自动生成当期杜邦分析图。如图7-11所示。

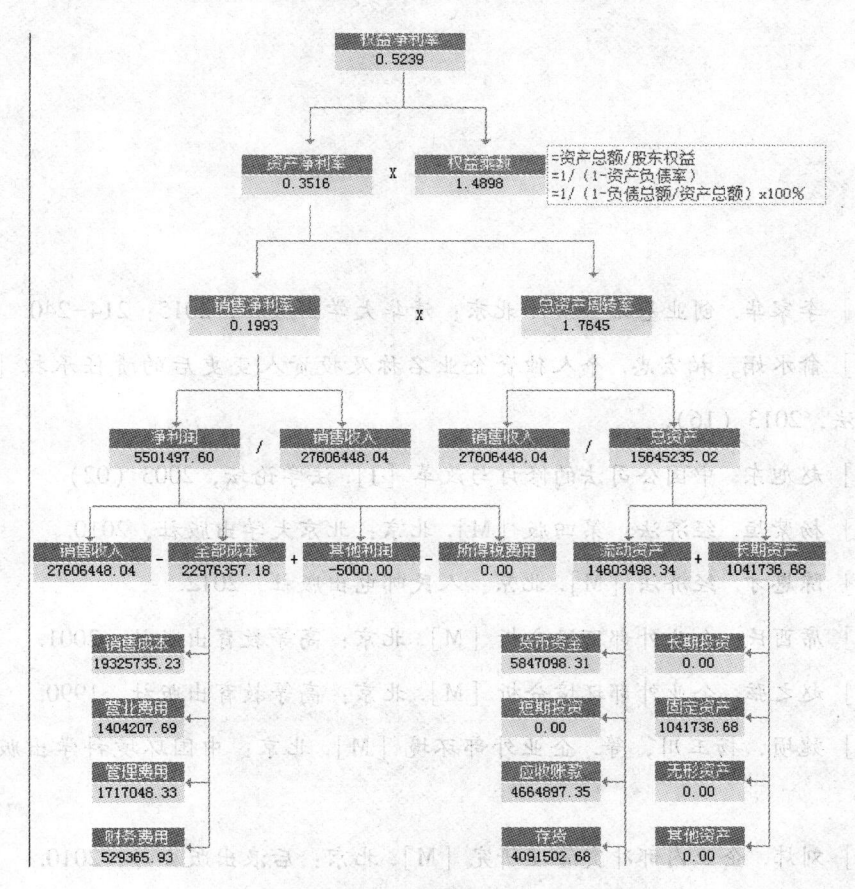

图7-11 查看杜邦分析图

③请结合各种财务分析方法，对当期经营活动进行评价，并提出改进措施。

# 参考文献

[1] 李家华. 创业基础 [M]. 北京：清华大学出版社，2015：214-240.

[2] 俞水娟，柏宏忠. 个人独资企业名称及投资人变更后的责任承担 [J]. 人民司法，2013（16）.

[3] 赵旭东. 中国公司法的修订与改革 [J]. 法学论坛，2003（02）

[4] 杨紫烜. 经济法：第四版 [M]. 北京：北京大学出版社，2010.

[5] 陈恩才. 经济法 [M]. 北京：人民邮电出版社，2012.

[6] 席酉民. 企业外部环境分析 [M]. 北京：高等教育出版社，2001.

[7] 赵之弦. 企业外部环境分析 [M]. 北京：高等教育出版社，1990.

[8] 魏埙，杨玉川，等. 企业外部环境 [M]. 北京：中国环境科学出版社，2007.

[9] 刘炜. 企业内部冲突管理研究 [M]. 北京：后浪出版公司，2010.

[10] 傅夏仙. 管理学 [M]. 杭州：浙江大学出版社，2009.

[11] 张卓，蔡启明. 企业管理学 [M]. 北京：科学出版社，2010.

[12] 陈树文. 组织管理学 [M]. 大连：大连理工大学出版社，2005.

[13] 安索夫. 战略管理 [M]. 邵冲，译. 北京：机械工业出版社，2010.

[14] 迈克尔·波特. 竞争战略 [M]. 陈丽芳，译. 北京：中信出版社，2014.

[15] 杨增雄. 企业战略管理——理论与方法 [M]. 北京：科学出版社，2015.

[16] 汪长江. 战略管理 [M]. 北京：清华大学出版社，2013.

[17] 张长胜. 企业全面预算管理 [M]. 北京：北京大学出版社，2007.

[18] 张熙庭. 战略预算：管理界的工业革 [M]. 广州：广东经济出版社，

2010.

　　[19] 张林格. 企业运营管理 [M]. 北京：首都经济贸易大学出版社，2014.

　　[20] 美国管理会计师协会. 财务决策 [M]. 舒新国，程秋芬，译. 北京：经济科学出版社，2013.

　　[21] 桑士俊. 财务决策实务教程 [M]. 北京：清华大学出版社，2013.

　　[22] 苗润生，陈洁. 财务分析 [M]. 北京：北京交通大学出版社，2010.

　　[23] 周晋兰，胡北忠. 财务分析实验教程：第2版 [M]. 大连：东北财经大学出版社，2014.